俄罗斯

黑龙江省
Hēilóngjiāng Shěng

哈尔滨
Hā'ěrbīn

内蒙古自治区
Nèiměnggǔ Zìzhìqū

长春
Chángchūn

吉林省
Jílín Shěng

北京市
Běijīng Shì

辽宁省
Liáoníng Shěng

呼和浩特
Hūhéhàotè

沈阳
Shěnyáng

集安
Jí'ān

大同
Dàtóng

大连
Dàlián

石家庄
Shíjiāzhuāng

天津市
Tiānjīn Shì

渤海

朝鲜

太原
Tàiyuán

河北省
Héběi Shěng

济南
Jǐnán

东京

山西省
Shānxī Shěng

山东省
Shāndōng Shěng

青岛
Qīngdǎo

韩国

洛阳
Luòyáng

郑州
Zhèngzhōu

江苏省
Jiāngsū Shěng

黄海

河南省
Hénán Shěng

合肥
Héféi

扬州
Yángzhōu

苏州
Sūzhōu

湖北省
Húběi Shěng

武汉
Wǔhàn

安徽省
Ānhuī Shěng

南京
Nánjīng

上海市
Shànghǎi Shì

杭州
Hángzhōu

东海

长沙
Chángshā

南昌
Nánchāng

浙江省
Zhèjiāng Shěng

湖南省
Húnán Shěng

江西省
Jiāngxī Shěng

福州
Fúzhōu

台北
Táiběi

福建省
Fújiàn Shěng

广东省
Guǎngdōng Shěng

厦门
Xiàmén

台湾
Táiwān

广州
Guǎngzhōu

深圳
Shēnzhèn

澳门
Àomén

香港
Xiānggǎng

海口
Hǎikǒu

南海

★ 首都
● 省都
□ 有名都市
 万里の長城

新訂版

― 話す・聴く・書くための ―

中 国 語

（基礎編）

廖　伊庄　著
利波　雄一

駿河台出版社

表　紙　画：中澤　レイコ
本文イラスト：小熊　未央

はじめに

　本書は、中国及びその文化に興味を持ち、中国語を学んで直接それに触れてみたいと願っている人のために編纂されました。
　本書は、「ホップ・ステップ・ジャンプ」の三部から構成されています。

- 「**ホップ**」では、導入として、中国語を学ぶために必要な、簡体字・共通語・外来語などの基礎知識を紹介しました。
- 「**ステップ**」では、発音の全体像が把握できるように配慮しながら、四声・声調の変化・隔音記号などをわかりやすく解説しました。
　「绕口令（早口言葉）」は、発音練習の総仕上げとしてご利用ください。何度も繰り返し聞き、口に出し、中国語の音に慣れてください。また、「授業用語」は、実際に教室で使っていただくためのものなので、ぜひご利用ください。
　　外国語、特に中国語をものにするためには、発音が一つの関門となります。CDを活用しながら、先ずは発音をマスターしてください。
- 「**ジャンプ**」は、全12課から成り、各課は「要点」「会話」「練習」という順番でならんでいます。さらに、「要点」の中には、「言い換えてみよう」、「说一说（言ってみよう）」、「比一比（比べてみよう）」が、適宜登場します。そして、例文は問答形式をとるなど、できるだけ相互関連性を持たせるようにしました。

　先ず、文法の要点を理解し、言い換えを通して基本文型に習熟し、「会話」で実践し表現の幅を拡げ、さらに「練習」で確実なものにしてください。
　新出単語については、各課別に配列したものと、アルファベット順に配列したものの、二つの単語索引を巻末に付けました。課別の索引は、授業の流れに従って用い、アルファベット順索引は、辞書として用います。
　「**ジャンプ**」のCDには、学習の便宜上、一課ごとにすべての新出単語と「要点」の一部、「言い換えてみよう」・「说一说」の例文及び「会話」が収録されています。
　本書によって、中国語の「話す」「聴く」「書く」といった三つの基礎学力を、できるだけ無理なく早く身につけるとともに、直に中国に触れてみたいとの思いを持っていただければ、望外の幸せです。
　今回改訂するにあたり、「要点」「会話」などCDを含め、すべての項目にわたり詳細な検討を加えるとともに、「绕口令（早口言葉）」など新たな工夫を凝らし、より実践的かつ充実したものになったと自負しています。
　最後に、本書を改訂出版するにあたり、駿河台出版社の井田洋二社長、猪腰くるみさんをはじめ、スタッフのみなさんには大変お世話になりました。心より感謝いたします。

　2012年　春

著者

目次

ホップ　小知识

1. いくつ答えられますか。 ……………………………………………… 6
2. 簡体字の話 …………………………………………………………… 6
3. 共通語の話 …………………………………………………………… 7
4. 外来語の話 …………………………………………………………… 7
5. 発音記号の話 ………………………………………………………… 7

ステップ　汉语拼音

1. 音節 …………………………………………………………………… 8
2. 四声 …………………………………………………………………… 8
3. 単母音 ………………………………………………………………… 8
4. そり舌母音 …………………………………………………………… 9
5. 複母音 ………………………………………………………………… 9
6. 声調符号の付け方 …………………………………………………… 9
7. 鼻母音 ………………………………………………………………… 9
8. 子音 ………………………………………………………………… 10
9. 「er」化 …………………………………………………………… 10
10. 声調の変化 ………………………………………………………… 10
11. 隔音記号 …………………………………………………………… 11
＊绕口令 ……………………………………………………………… 11
12. 音節表の見方 ……………………………………………………… 12

授業用語 ……………………………………………………………… 14

ジャンプ　课文

第1課　我们都是大学生 ……………………………………………… 16
　　　人称代名詞／判断文／否定副詞「不」／一般疑問文「吗」／省略疑問文「呢」／
　　　範囲副詞「也」「都」

第2課　你学什么？ …………………………………………………… 20
　　　動詞述語文／形容詞述語文／程度副詞／疑問詞疑問文・疑問詞「誰」「什么」「怎
　　　么样」／反復疑問文／接続詞「和」　＊名前の尋ね方

| 第3课 | 这是谁的电脑? | 24 |

指示代名詞／構造助詞「的」／百以内の数詞／量詞／疑問詞「几」「多少」／選択疑問文　*お金の言い方

| 第4课 | 明天几月几号? | 30 |

百以上の数詞／時間詞／時間の分量／名詞述語文／終助詞「吧」／時間詞の位置　*時刻の言い方　*国籍・出身地の尋ね方

| 第5课 | 你家有几口人? | 36 |

所有の「有」／多＋形容詞／変化の「了」／比較の表現　*年齢・身長・体重の尋ね方　*家族の呼称

| 第6课 | 我老家在北海道 | 42 |

存在の「在」／存在の「有」／方位詞／前置詞「在」／「喜欢」「爱」　*場所の尋ね方

| 第7课 | 暑假过得怎么样? | 46 |

様態・程度補語／連動文／動作の完了・実現を示す「了」／「是〜的」／疑問詞「怎么」／前置詞「从」「到」「离」「往」「向」「朝」「对」「给」「在」／動量・時量補語　*道・路線の尋ね方　*スポーツ・音楽関連語句

| 第8课 | 你看没看过京剧? | 54 |

経験を表す「動詞＋过」／複文　逆説関係・仮定関係／願望・意志の表現「想」「要」「愿意」「打算」「准备」／二重目的語をとる動詞

| 第9课 | 我在看中文小说呢 | 58 |

副詞「在」／可能動詞「会」「能」「可以」／離合詞／結果補語／可能補語／動詞の重ね

| 第10课 | 那里贴出来一张新广告 | 62 |

存現文／持続を表す「着」／方向補語／当然や必要を表す「应该」「要」「得」　*穿着打扮

| 第11课 | 请你参加联欢会 | 66 |

兼語文・使役文／近未来の表現／受け身文／将来の可能性を示す「会」／疑問詞の非疑問用法

| 第12课 | 天越来越冷了 | 70 |

禁止の表現「别」「不要」「不许」／処置文「把」／複文　連続関係・因果関係／自然現象の表現／程度の変化を表す「越来越〜」

| 各課順新出単語索引 | 74 |
| アルファベット順新出単語索引 | 98 |

小 知 识
xiǎo zhī shi

1．いくつ答えられますか。

1）中国の正式国名は？　＿＿＿＿＿＿＿＿＿＿＿＿＿＿＿＿

2）建国日は？　　　　　＿＿＿＿年＿＿＿＿月＿＿＿＿日

3）首都はどこ？　　　　＿＿＿＿＿＿＿＿＿＿＿＿＿＿＿＿

4）人口はどれぐらい？　約＿＿＿＿＿＿＿＿＿＿＿＿＿億

5）民族の数はいくつ？　＿＿＿＿＿＿＿＿＿＿＿＿＿＿個

　　そのうち、多数民族である＿＿＿＿＿＿民族が約＿＿＿＿＿＿％占めている。

6）公式言語は何？　　　＿＿＿＿＿＿、主要方言は＿＿＿＿＿＿種

7）国土はどれぐらい？　＿＿＿＿＿＿km²

8）行政区分は？　　　　＿＿＿＿＿＿省　　　＿＿＿＿＿＿直轄市

　　　　　　　　　　　＿＿＿＿＿＿自治区　　＿＿＿＿＿＿特別行政区

9）通貨の名称は？　　　＿＿＿＿＿＿

10）最高の山は？　＿＿＿＿＿＿　　高さは？　＿＿＿＿＿＿m

　　最長の川は？　＿＿＿＿＿＿　　長さは？　＿＿＿＿＿＿km

2．簡体字の話

　漢字の総数は、どれぐらいあると思いますか。1986年に編纂された『漢語大辞典』では、56,000字余り、コンピュータによる最新調査では、9万字以上にも上ったといいます。そのうち最も重要な一級常用漢字は3,755個，二級常用漢字は3,008個となっています。一般的な出版物の紙面は、約3,000字程度で99％占められているといわれています。

　漢字は長い間、中国を中心に、日本や朝鮮半島などで使われて来ましたが、近代になってから、各国はそれぞれ独自の漢字政策を採り、漢字の統廃合及び簡略化を行ってきました。中国においては、1949年に中華人民共和国が建国されてから、人々の識字率を上げるために、「簡化字」運動を推進され、1956年に、「漢字簡化方案」、さらに1964年には「簡化字総表」が公表されました。

その結果、旧漢字を「繁体字」、それを簡略化した現行の漢字を「简体字 jiǎntǐzì」と呼ぶようになりました。

「簡体字」の主な簡略方法は、
  1）漢字の一部分を使う。 雲⇒云 習⇒习
  2）漢字の輪郭を残す。 馬⇒马 飛⇒飞
  3）草書から転用する。 書⇒书 東⇒东
  4）同音字で代用する。 穀⇒谷 億⇒亿
  5）漢字を記号化する。 漢⇒汉 聖⇒圣

などがあります。

「简体字」は、天⇒天、舎⇒舍、骨⇒骨、称⇒称のように、現在日本で使っている漢字と微妙に違っていたり、同じ言葉でも、「手纸　麻雀　大家　料理　汤」のように、日本語とまったく意味が違っていたりするので、注意が必要です。

3．共通語の話

1955年に、北方方言を基礎に、北京語の発音を標準語音、典型的な現代口語による作品を文法的規範とし、「普通话 pǔtōnghuà」が標準語として定められました。以来、この「普通话」が広く用いられるようになり、全国共通の言葉となりました。

4．外来語の話

中国語の表記はすべて漢字を使用します。もちろん、外来語も漢字で表記しなければなりません。そこで、外来語を導入するときは、以下の方法を用いて、それを漢字化します。
  1）音訳法：贝多芬 Bèiduōfēn 巴黎 Bālí 奔驰 Bēnchí 可口可乐 kěkǒukělè
  2）意訳法：热狗 règǒu 超市 chāoshì 微软 wēiruǎn 复印 fùyìn
  3）音訳＋意訳法：啤酒 píjiǔ 卡车 kǎchē 芭蕾舞 bālěiwǔ 保龄球 bǎolíngqiú

5．発音記号の話

中国語の発音は、声(子音)・韻(母音)・調（声調）の三つの要素からなり、一つの漢字が一音節となります。

現在、中国では、1958年に公表された中国式ローマ字つづり、いわゆるピンイン（「汉语拼音 Hànyǔ pīnyīn」）という発音記号が使われています。日本式ローマ字つづりとは違うので、よく注意して学ばなければなりません。

1910年代まで使われた表音法は「反切法」といい、「A漢字の子音＋B漢字の母音＋B漢字の声調＝C漢字の発音」といった手法がとられていました。

また、1910年代には「注音法」が作られました。それは、「ㄅㄆㄇㄈㄉㄊㄋㄌ」などのような特殊な記号で音を表記します。ちなみに、台湾では、今もこの「注音法」によっています。

汉 语 拼 音
Hàn yǔ pīn yīn

1. **音　　節**：「子音＋母音＋声調」からなる。

音　節				声調	表記	漢字	意味
声母 （子音）	韻母 （母音）						
	介音	主韻母	韻尾				
x	i	o	ng	2	xióng	熊	クマ
t	i	a	n	2	tián	甜	甘い
b	i	a	o	3	biǎo	表	時計
h	u	a		1	huā	花	花
d		o	u	4	dòu	豆	マメ

※原則として、一つの漢字は一音節で一拍になる。

2. **四　　声**：中国語の独特なイントネーション

　第1声：高く平らにのばす
　第2声：いきなりあげる
　第3声：低く抑える。但し、文末では抑えをとく。
　第4声：いきなりさげる
　軽　声：元の声調を失い軽く発音する

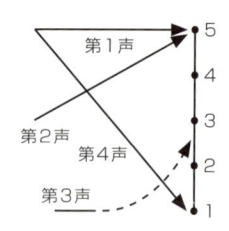

CD2 3. **単 母 音**＝6個

　a　　　口を大きく開いて「ア」
　o　　　唇を丸めて「オ」
　e　　　口をポカンと開け、のどの奥から発音
　i (yi)　唇を両端に引いて「イ」
　u (wu)　唇をすぼめて「ウ」
　ü (yu)　唇をすぼめて「イ」

※（　）内は単独で使う場合の表記。

4. そり舌母音＝1個

er 「e」の発音をしながら舌先を上へそらす

発音練習1：

ā á ǎ à a　　　ō ó ǒ ò o　　　ē é ě è e
yī yí yǐ yì yi　　wū wú wǔ wù wu　　yū yú yǔ yù yu
ēr ér ěr èr er

5. 複母音＝13個

ai	ei	ao	ou	
ia (ya)	ie (ye)	ua (wa)	uo (wo)	üe (yue)
iao (yao)	iou (you) -iu	uai (wai)	uei (wei) -ui	

※「iou・uei」は子音と組む場合「-iu・ui」と表記する。

※「ei・ie・üe」の中の「e」は単母音の「e」の音とはちがう。

※「uo」は実際には「u」＋単母音の「e」の音である。

6. 声調符号の付け方

1. 「a」の上　　　　　　　　　　　ài yāo wài
2. 「a」がなければ、「o」か「e」の上　yóu wèi
3. 「-iu」「-ui」は後ろの方につける　　jiǔ duì
4. 「i」は点をとってつける　　　　　yī huì

7. 鼻母音＝16個（n 8個＋ng 8個）

an	ang	en	eng	ong
ian (yan)	iang (yang)	in (yin)	ing (ying)	iong (yong)
uan (wan)	uang (wang)	uen (wen) -un	ueng (weng)	
üan (yuan)		ün (yun)		

※「uen」は子音と組む場合「-un」と表記する。

8. 子音 =21個

	無気音	有気音	鼻音	摩擦音	側面音
両唇音	b (o)	p (o)	m (o)		
唇歯音				f (o)	
舌尖音	d (e)	t (e)	n (e)		l (e)
舌根音	g (e)	k (e)		h (e)	
舌面音	j (i)	q (i)		x (i)	
そり舌音	zh (i)	ch (i)		sh (i)・r (i)	
舌歯音	z (i)	c (i)		s (i)	

※「zhi chi shi ri zi ci si」についている「i」は通常の［i］の音ではない。

発音練習2：

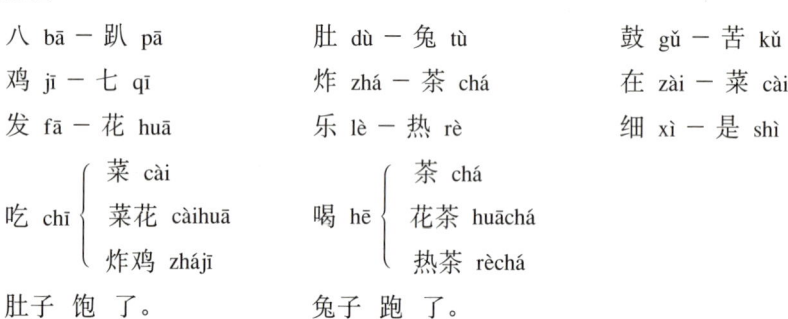

八 bā － 趴 pā　　　肚 dù － 兔 tù　　　鼓 gǔ － 苦 kǔ
鸡 jī － 七 qī　　　炸 zhá － 茶 chá　　在 zài － 菜 cài
发 fā － 花 huā　　　乐 lè － 热 rè　　　细 xì － 是 shì

吃 chī { 菜 cài / 菜花 càihuā / 炸鸡 zhájī }　　喝 hē { 茶 chá / 花茶 huāchá / 热茶 rèchá }

肚子 饱 了。　　　兔子 跑 了。
Dùzi bǎo le　　　Tùzi pǎo le

9.「er」化：音節の末尾に「r」がつくこと。

表記方法として、ピンインの後に「r」、漢字の後に「儿」を付ける。「er」化された後の音節も一音節一拍のままである。

発音練習3：

月芽儿 yuèyár　　豆儿 dòur　　小孩儿 xiǎohái r　　事儿 shìr　　玩儿 wánr

10. 声調の変化

1）三声 ＋ 三声 ⇒ 二声 ＋ 三声

発音練習4：

你好 nǐhǎo　　很好 hěnhǎo　　雨伞 yǔsǎn　　老虎 lǎohǔ

2）
$$- (yī) + \begin{cases} 一声 \\ 二声 \\ 三声 \end{cases} \Rightarrow - (yì) + \begin{cases} 一声 \\ 二声 \\ 三声 \end{cases}$$

$$- (yī) + 四声 \Rightarrow - (yí) + 四声$$

発音練習5：

一般 yìbān　　一年 yìnián　　一起 yìqǐ　　一共 yígòng

3）不 (bù) ＋ 四声 ⇒ 不 (bú) ＋ 四声

発音練習6：

不去 búqù　　不对 búduì　　不是 búshì　　不谢 búxiè

11. **隔音記号**：母音で終わる音節に母音で始まる音節が続く場合や、「n・ng」で終わる音節に母音で始まる音節が続く場合に用いる。

木偶 mù'ǒu　　答案 dá'àn　　可爱 kě'ài　　和蔼 hé'ǎi

西安 Xī'ān / 先 xiān　　方案 fāng'àn / 反感 fǎngǎn　　名额 míng'é / 民歌 míngē

* **绕口令　rào kǒu lìng**

「・」の箇所のピンインを書き取り、発音の練習に使ってみましょう

①妈妈骑马，马慢，妈妈骂马。妞妞骑牛，牛拗，妞妞拧牛。

②四是四，十是十，十四是十四，四十是四十。

③红凤凰，粉凤凰，红粉凤凰，粉红凤凰。

④吃葡萄不吐葡萄皮儿，不吃葡萄倒吐葡萄皮儿。

⑤扁担长，板凳宽，扁担绑在板凳上。

12. 音節表の見方：

横は母音、縦は子音である。

A組：「a・o・e」で始まる母音で、単独で使う場合は「ong」を除いて、そのまま単独表記として使える。

B組：「i」で始まる母音で、単独で使う場合は、「i」の代わりに「y」を使う。ただし、「i・in・ing」は「yi・yin・ying」とする。

【音節表】

母音＼子音	A 組													i	ia	iao	ie
	a	o	e	-i	er	ai	ei	ao	ou	an	en	ang	eng	ong			
子音なし	a	o	e		er	ai	ei	ao	ou	an	en	ang	eng		yi	ya	yao	ye
b	ba	bo				bai	bei	bao		ban	ben	bang	beng		bi		biao	bie
p	pa	po				pai	pei	pao	pou	pan	pen	pang	peng		pi		piao	pie
m	ma	mo	me			mai	mei	mao	mou	man	men	mang	meng		mi		miao	mie
f	fa	fo					fei		fou	fan	fen	fang	feng					
d	da		de			dai	dei	dao	dou	dan	den	dang	deng	dong	di	dia	diao	die
t	ta		te			tai		tao	tou	tan		tang	teng	tong	ti		tiao	tie
n	na		ne			nai	nei	nao	nou	nan	nen	nang	neng	nong	ni		niao	nie
l	la	lo	le			lai	lei	lao	lou	lan		lang	leng	long	li	lia	liao	lie
g	ga		ge			gai	gei	gao	gou	gan	gen	gang	geng	gong				
k	ka		ke			kai	kei	kao	kou	kan	ken	kang	keng	kong				
h	ha		he			hai	hei	hao	hou	han	hen	hang	heng	hong				
j															ji	jia	jiao	jie
q															qi	qia	qiao	qie
x															xi	xia	xiao	xie
zh	zha		zhe	zhi		zhai	zhei	zhao	zhou	zhan	zhen	zhang	zheng	zhong				
ch	cha		che	chi		chai		chao	chou	chan	chen	chang	cheng	chong				
sh	sha		she	shi		shai	shei	shao	shou	shan	shen	shang	sheng					
r			re	ri				rao	rou	ran	ren	rang	reng	rong				
z	za		ze	zi		zai	zei	zao	zou	zan	zen	zang	zeng	zong				
c	ca		ce	ci		cai		cao	cou	can	cen	cang	ceng	cong				
s	sa		se	si		sai		sao	sou	san	sen	sang	seng	song				

C組:「u」で始まる母音で、単独で使う場合、「u」は「wu」となり、他は「u」のかわりに「w」を使う。

D組:「ü」で始まる母音で、単独で使う場合は「yu」となり、「j・q・x」と組む場合は「ü」は「u」と表記する。

B 組						C 組									D 組			
iou -iu	ian	in	iang	ing	iong	u	ua	uo	uai	uei -ui	uan	uen -un	uang	ueng	ü	üe	üan	ün
you	yan	yin	yang	ying	yong	wu	wa	wo	wai	wei	wan	wen	wang	weng	yu	yue	yuan	yun
	bian	bin		bing		bu												
	pian	pin		ping		pu												
miu	mian	min		ming		mu												
						fu												
diu	dian			ding		du		duo		dui	duan	dun						
	tian			ting		tu		tuo		tui	tuan	tun						
niu	nian	nin	niang	ning		nu		nuo			nuan				nü	nüe		
liu	lian	lin	liang	ling		lu		luo			luan	lun			lü	lüe		
						gu	gua	guo	guai	gui	guan	gun	guang					
						ku	kua	kuo	kuai	kui	kuan	kun	kuang					
						hu	hua	huo	huai	hui	huan	hun	huang					
jiu	jian	jin	jiang	jing	jiong										ju	jue	juan	jun
qiu	qian	qin	qiang	qing	qiong										qu	que	quan	qun
xiu	xian	xin	xiang	xing	xiong										xu	xue	xuan	xun
						zhu	zhua	zhuo	zhuai	zhui	zhuan	zhun	zhuang					
						chu	chua	chuo	chuai	chui	chuan	chun	chuang					
						shu	shua	shuo	shuai	shui	shuan	shun	shuang					
						ru	rua	ruo		rui	ruan	run						
						zu		zuo		zui	zuan	zun						
						cu		cuo		cui	cuan	cun						
						su		suo		sui	suan	sun						

授業用語： ※［ ］は言い替えできる、（ ）は省略できるとして区別する。以下の頁も同じ。

1.	现在开始 上课［练习・听写・会话］。 Xiànzài kāishǐ shàngkè [liànxí・tīngxiě・huìhuà].	今から授業［練習・書き取り・会話］を始めます。
2.	老师好。 Lǎoshī hǎo. 同学们好。 Tóngxuémen hǎo. 大家好。 你们好。 Dàjiā hǎo.　Nǐmen hǎo. 您好。 你好。 Nínhǎo.　Nǐhǎo.	先生こんにちは。 学生のみなさんこんにちは。 みなさんこんにちは。 こんにちは。
3.	某某同学！／到。 Mǒumǒu tóngxué!／Dào. 某某同学来了吗？ Mǒumǒu tóngxué lái le ma? 来了。／没来。 Lái le.／Méi lái.	某君！／はい。 某君は来ましたか。 来ました。／来ていません。
4.	今天学习第一课。 Jīntiān xuéxí dì yī kè.	今日は第1課を習います。
5.	请打开书。请合上书。 Qǐng dǎkāi shū. Qǐng héshang shū. 请看第1页第2行［黑板・屏幕］。 Qǐng kàn dì yī yè dì èr háng [hēibǎn・píngmù].	本を開けてください。本を閉じてください。 第1ページ第2行［黒板・スクリーン］を見てください。
6.	请站起来。／请坐下。 Qǐng zhàn qǐlai.／Qǐng zuò xia.	立ってください。／座って下さい。
7.	请到前边来。／请回坐位去。 Qǐng dào qiánbiān lái.／Qǐng huí zuòwèi qù.	前に来なさい。／席に戻りなさい。
8.	请回答。／请回答我的问题。 Qǐng huídá.／Qǐng huídá wǒ de wèntí. 对了。／不对。 Duìle.／Búduì.	答えなさい。／私の質問に答えなさい。 あっています。／まちがっています。
9.	请告诉我，「～」（这个词）是什么意思？ Qǐng gàosu wǒ,「～」(zhè ge cí) shì shénme yìsi?	「～」（という単語）はどういう意味なのか、教えてください。
10.	请写在黑板上。 Qǐng xiě zài hēibǎn shang.	黒板に書きなさい。
11.	请大家一起念［背］课文［单词］。预备齐。 Qǐng dàjiā yìqǐ niàn [bèi] kèwén [dāncí]. Yùbèi qí.	みんなで一緒に本文［単語］を読み［暗記し］なさい。一、二、の三、はい。

12.	请跟我读［念］。 Qǐng gēn wǒ dú [niàn].	後について読みなさい。
13.	再 读［看・说・写］一遍。 Zài dú [kàn・shuō・xiě] yíbiàn.	もう一度読み［見・話し・書き］なさい。
14.	有问题吗？ 有没有问题？ 有问题没有？ Yǒu wèntí ma? Yǒu méiyǒu wèntí? Yǒu wèntí méiyǒu?	質問がありますか。
15.	明白吗？ 明白不明白？ Míngbai ma? Míngbai bù míngbai? 明白了吗？ 明白了没有？ Míngbai le ma? Míngbai le méiyou?	わかりますか。 わかりましたか。
16.	对不起，我没明白。请再说一次。 Duìbuqǐ, wǒ méi míngbai. Qǐng zài shuō yícì.	すみません、私はわかりませんでした。もう一度言ってください。
17.	知道吗？ 知道不知道？ Zhīdao ma? Zhīdao bù zhīdao? 知道了吗？ 知道了没有？ Zhīdao le ma? Zhīdao le méiyou?	知っていますか。 わかりましたか。
18.	今天的课就上到这儿。下课。 Jīntiān de kè jiù shàng dào zhèr. Xiàkè.	今日の授業はここまでにします。終わります。
19.	老师再见。 Lǎoshī zàijiàn. 同学们再见。 Tóngxuémen zàijiàn. 明天见。 Míngtiān jiàn. 下星期见。 Xià xīngqī jiàn.	先生さようなら。 学生諸君さようなら。 また明日。 また来週。
20.	谢谢。 Xièxie. 不谢。 不客气。 没关系。 Búxiè. Bú kèqi. Méi guānxi.	ありがとうございます。 どういたしまして。

第 1 课　我们 都 是 大学生
Dì yī kè　Wǒmen dōu shì dàxuéshēng

要 点

CD16
新出単語(p74へ)

1. **人称代詞**：

CD17

	第一人称	第二人称	第三人称	疑問詞
単数	我　wǒ	你　nǐ 您　nín	他　tā 她　它	谁　shuí 　　shéi
複数	我们　wǒmen 咱们　zánmen	你们　nǐmen	他们　tāmen 她们 它们	

2. **判 断 文**：判断動詞「**是** shì」＝「～だ、～である、～です」
   語順：A　是　B。　　AはBである。
   1) 我　是　大学生。　　　　　　　　Wǒ shì dàxuéshēng.
   2) 你　是　公务员。　　　　　　　　Nǐ shì gōngwùyuán.

3. **否定副詞**：「**不** bù」＝「～ではない」副詞は、述語の前に置かれる。
   1) 我　不　是　日本　人。　　　　　Wǒ bú shì Rìběn rén.
   2) 他　不　是　中国　人。　　　　　Tā bú shì Zhōngguó rén.

4. **一般疑問文**：「～**吗** ma?」＝「～か。」
   ※但し、ほかに疑問の要素がある場合、「吗」は使わない。
   1) 他　是　日本　人　吗？　　　　　Tā shì Rìběn rén ma?
   　　是，他　是（日本　人）。　　　　Shì, tā shì (Rìběn rén).
   　　不（是），他　不　是（日本　人）。　Bù (shì), tā bú shì (Rìběn rén).
   2) 你　是　大学生　吗？　　　　　　Nǐ shì dàxuéshēng ma?
   　　是，我　是（大学生）。　　　　　Shì, wǒ shì (dàxuéshēng).
   　　不（是），我　不　是（大学生）。　Bù (shì), wǒ bú shì (dàxuéshēng).

5. **省略疑問文**：「～**呢** ne?」＝「～は。」
   1) 他　是　老师，你　呢？　　　　　Tā shì lǎoshī, nǐ ne?
   2) 你　是　大夫，她　呢？　　　　　Nǐ shì dàifu, tā ne?

6. 範囲副詞：「也 yě」=「も」 「都 dōu」=「みんな、全部」

　　1）他 也 是 留学生。　　　　　　　　Tā yě shì liúxuéshēng.
　　2）她 也 不 是 德国 人。　　　　　　Tā yě bú shì Déguó rén.
　　3）我们 都 是 日本 人。　　　　　　 Wǒmen dōu shì Rìběn rén.
　　4）他们 也 都 是 外国 人。　　　　　Tāmen yě dōu shì wàiguórén.

比一比 bǐ yi bǐ

否定副詞「不」と範囲副詞「都」は、その位置によって、全部否定と部分否定に分かれる。

　　1）我们 都 是 高中生。　　　　　　Wǒmen dōu shì gāozhōngshēng.
　　2）咱们 都 不 是 小孩儿。　　　　　Zánmen dōu bú shì xiǎoháir.
　　3）他们 不 都 是 运动员。　　　　　Tāmen bù dōu shì yùndòngyuán.

言い換えてみよう

1）他 是 老师，他 不 是 学生。　　　　Tā shì lǎoshī, tā bú shì xuésheng.
　　医生 yīshēng　　护士 hùshi　　记者 jìzhě　　警察 jǐngchá　　律师 lǜshī

2）你 是 日本 人，我 也 是 日本 人，我们 都 是 日本 人。
　　　　　　　Nǐ shì Rìběn rén, wǒ yě shì Rìběn rén, wǒmen dōu shì Rìběn rén.
　　美国 Měiguó　　英国 Yīngguó　　法国 Fǎguó　　印度 Yìndù　　埃及 Āijí

会 話

我们 都 是 大学生
Wǒmen dōu shì dàxuéshēng

A：你 好。
　　Nǐ hǎo.

B：你 好。
　　Nǐ hǎo.

A：你 是 高中生 吗?
　　Nǐ shì gāozhōngshēng ma?

B：不， 我 不 是 高中生， 我 是 大学生。 你 呢?
　　Bù, wǒ bú shì gāozhōngshēng, wǒ shì dàxuéshēng. Nǐ ne?

A：我 也 是 大学生。
　　Wǒ yě shì dàxuéshēng.

B：我们 都 不 是 高中生。
　　Wǒmen dōu bú shì gāozhōngshēng.

A：是 啊， 咱们 都 是 大学生。
　　Shì a, zánmen dōu shì dàxuéshēng.

練習 1

1) ピンインを漢字に書き直しなさい。

1. wǒ _____　2. nǐ _____　3. nín _____　4. tā _____
5. zánmen _____　6. shéi _____　7. shuí _____

2) 漢字にピンインをつけなさい。

1. 老师 _____　2. 学生 _____　3. 你好 _____
4. 中国 _____　5. 日本 _____

3) 空欄に適切な語句を入れて、答えてみよう。

1. 他 是 学生 吗?　　　　　_____，他 _____ 老师。
2. 你 是 大学生 吗?　　　　_____，我 _____ 大学生。
3. 她们 都 是 印度人 吗?　　_____，她们 都 _____ 印度人。
4. 他们 也 是 美国人 吗?　　_____，他们 _____ 是 美国人。
5. 她 是 记者，你 呢?　　　　我 _____ 是 记者。

4) 次の日本語の意味に合うように、与えられた語句を並び替えなさい。

1. 私は看護師ではありません。〔不　我　是　护士〕

_____。

2. 私は医者です。〔医生　我　是〕

_____。

3. 私は留学生ですが、あなたは。〔你　呢　留学生　,　是　我〕

_____?

4. 私も留学生です。〔留学生　也　我　是〕

_____。

5. われわれはみな外国人です。〔外国人　我们　是　都〕

_____。

第 2 课　你 学 什么?
Dì èr kè　　Nǐ xué shénme?

要点

1. **動詞述語文**：動詞を述語とする文。
    語順：主語＋動詞＋目的語。
    1) 我 学 中文。　　　　　　　　Wǒ xué Zhōngwén.
    2) 她 看 电影。　　　　　　　　Tā kàn diànyǐng.

2. **形容詞述語文**：形容詞が述語となる文。
    語順：主語＋形容詞。
    1) 天气 好 吗?　　　　　　　　Tiānqì hǎo ma?
       天气 很 好。　　　　　　　　Tiānqì hěn hǎo.
    2) 雨 大 吗?　　　　　　　　　Yǔ dà ma?
       雨 不 太 大。　　　　　　　Yǔ bú tài dà.

3. **程度副詞**：よく使われるのは、「**很** hěn＝とても」「**非常** fēicháng＝非常に」
    「**太** tài＝あまりにも」「**真** zhēn＝本当に」「**最** zuì＝もっとも」
    「**特别** tèbié＝とりわけ」「**比较** bǐjiào＝いくらか」など。
    1) 饺子 **真** 好吃。　　　　　　Jiǎozi zhēn hǎochī.
    2) 啤酒 **最** 好喝。　　　　　　Píjiǔ zuì hǎohē.
    3) 鞋 **太** 小。　　　　　　　　Xié tài xiǎo.
    4) 我 **特别** 饿。　　　　　　　Wǒ tèbié è.

4. **疑問詞疑問文**：疑問詞「**谁** shéi＝だれ」「**什么** shénme＝なに、どんな」
    「**怎么样** zěnmeyàng＝どうですか」
    1) 她 是 **谁**?　　　　　　　　Tā shì shéi?
       她 是 汉语 老师。　　　　　　Tā shì Hànyǔ lǎoshī.
    2) 学习 成绩 **怎么样**?　　　　Xuéxí chéngjì zěnmeyàng?
       学习 成绩 不错。　　　　　　Xuéxí chéngjì búcuò.
    3) 你 吃 **什么**?　　　　　　　Nǐ chī shénme?
       我 吃 生鱼片。　　　　　　　Wǒ chī shēngyúpiàn.
    4) 你 喝 **什么** 茶?　　　　　　Nǐ hē shénme chá?

我　喝　乌龙茶。　　　　　　　　Wǒ hē wūlóngchá.

5．**反復疑問文**：述語の肯定形と否定形を並べて作る疑問文。「吗」と一緒には使えない。

　☆動詞述語文：

　　語順Ａ：主語＋動詞＋不＋同じ動詞＋目的語？

　　1）你 是 不 是 日本 人？　　　　　Nǐ shì bú shì Rìběn rén?
　　2）你 听 不 听 音乐？　　　　　　Nǐ tīng bu tīng yīnyuè?

　　語順Ｂ：主語＋動詞＋目的語＋不（＋同じ動詞）？

　　1）你 是 日本 人 不（是）？　　　Nǐ shì Rìběn rén bù (shì)?
　　2）你 听 音乐 不（听）？　　　　Nǐ tīng yīnyuè bù (tīng)?

　☆形容詞述語文：

　　語順：主語＋形容詞＋不＋同じ形容詞？

　　1）词典 贵 不 贵？　　　　　　　Cídiǎn guì bú guì?
　　2）荔枝 甜 不 甜？　　　　　　　Lìzhī tián bù tián?

6．**接続詞**：「和 hé」＝「と」

　　1）我 和 女朋友 都 是 大学生。　　Wǒ hé nǚpéngyou dōu shì dàxuéshēng.
　　2）柠檬 和 山楂 都 很 酸。　　　　Níngméng hé shānzhā dōu hěn suān.

言い換えてみよう

CD23 新出単語(p76へ)
CD24 例文

　1）我 学 中文，他 学 日文。　　Wǒ xué Zhōngwén, tā xué Rìwén.
　　　英文 Yīngwén　　法文 Fǎwén　　德文 Déwén　　西班牙文 Xībānyáwén
　　　阿拉伯文 Ālābówén

　2）天气 怎么样？天气 很 好。　　Tiānqì zěnmeyàng? Tiānqì hěn hǎo.
　　　暖和 nuǎnhuo　　热 rè　　凉快 liángkuai　　冷 lěng

名前の尋ね方

　1）您 贵 姓？　　　　　　Nín guì xìng?
　　　我 姓 田中。　　　　　Wǒ xìng Tiánzhōng.
　2）你 姓 什么？　　　　　Nǐ xìng shénme?
　　　我 姓 田中。　　　　　Wǒ xìng Tiánzhōng.
　3）你 叫 什么（名字）？　Nǐ jiào shénme (míngzi)?
　　　我 叫 田中太郎。　　　Wǒ jiào Tiánzhōng Tàiláng.

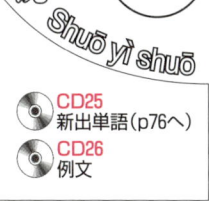

説一説 Shuō yi shuō

CD25 新出単語(p76へ)
CD26 例文

会话

CD27 新出単語(p76へ)
CD28 会話

你 学 什么?
Nǐ xué shénme?

A：我 学 化学，你 学 什么?
　　Wǒ xué huàxué, nǐ xué shénme?

B：我 学 数学。
　　Wǒ xué shùxué.

A：数学 难 不 难?
　　Shùxué nán bù nán?

B：数学 比较 容易。化学 怎么样?
　　Shùxué bǐjiào róngyì. Huàxué zěnmeyàng?

A：化学 有点儿 难。
　　Huàxué yǒudiǎnr nán.

B：你 学 不 学 物理?
　　Nǐ xué bù xué wùlǐ?

A：学。物理 也 有点儿 难。
　　Xué. Wùlǐ yě yǒudiǎnr nán.

B：物理 和 化学 都 不 容易。
　　Wùlǐ hé huàxué dōu bù róngyì.

練習 2

1) ピンインを漢字に書き直しなさい。

1. Zhōngwén ＿＿＿＿＿
2. tiānqì ＿＿＿＿＿
3. hǎochī ＿＿＿＿＿
4. zěnmeyàng ＿＿＿＿＿
5. búcuò ＿＿＿＿＿

2) 漢字にピンインをつけなさい。

1. 电影 ＿＿＿＿＿
2. 啤酒 ＿＿＿＿＿
3. 乌龙茶 ＿＿＿＿＿
4. 学校 ＿＿＿＿＿
5. 大学生 ＿＿＿＿＿

3) 空欄に適切な語句を入れて、答えてみよう。

1. 你 喝 什么?　　　　　　　我 喝 ＿＿＿＿＿。
2. 你 喝 什么 茶?　　　　　　我 喝 ＿＿＿＿＿ 茶。
3. 饺子 好吃 吗?　　　　　　饺子 ＿＿＿＿＿ 好吃。
4. 天气 怎么样?　　　　　　天气 ＿＿＿＿＿。
5. 你 身体 好 吗?　　　　　　我 身体 ＿＿＿＿＿。

4) 次の日本語の意味に合うように、与えられた語句を並び替えなさい。

1. 私はテレビを見ます。〔看　我　电视〕

　　　　　　　　　　　　　　　　　　　　　　　　　　　　　　　　。

2. 彼女は誰ですか。〔谁　她　是〕

　　　　　　　　　　　　　　　　　　　　　　　　　　　　　　　　?

3. ビールはとてもおいしい。〔好喝　啤酒　很〕

　　　　　　　　　　　　　　　　　　　　　　　　　　　　　　　　。

4. 中国語は難しいですか。〔不　难　难　汉语〕

　　　　　　　　　　　　　　　　　　　　　　　　　　　　　　　　?

5. あなたと私は二人とも警官です。〔都　我　你　和　警察　是〕

　　　　　　　　　　　　　　　　　　　　　　　　　　　　　　　　。

第3课　这是谁的电脑？
Dì sān kè　Zhè shì shéi de diànnǎo?

要点

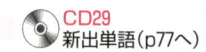

1. 指示代名詞：

近称 こ		中称 そ・遠称 あ		疑問詞 ど	
这	zhè	那	nà	哪	nǎ
这个	zhège	那个	nàge	哪个	nǎge
这些（个）	zhèxiē (ge)	那些（个）	nàxiē (ge)	哪些（个）	nǎxiē (ge)
这里	zhèli	那里	nàli	哪里	nǎli
这儿	zhèr	那儿	nàr	哪儿	nǎr

1）这 是 电脑。　　　　　　　　　Zhè shì diànnǎo.
2）那 些 是 英文 杂志。　　　　　Nà xiē shì Yīngwén zázhì.
3）那里 不 是 邮局。　　　　　　Nàli bú shì yóujú.

2. 構造助詞：「的 de」＝「の」

1）我 的 朋友 是 中国 人。　　　Wǒ de péngyou shì Zhōngguó rén.
2）那 是 老师 的 字典。　　　　　Nà shì lǎoshī de zìdiǎn.
3）那些（本）书 是 谁 的?　　　　Nàxiē (běn) shū shì shéi de?
4）哪 把 雨伞 是 你 的?　　　　　Nǎ bǎ yǔsǎn shì nǐ de?

※親族・知人・所属関係を表す場合は普通「的」を用いない。

　　我（的）妈妈　wǒ (de) māma　　　　　我（的）朋友　wǒ (de) péngyou
　　我们（的）大学　wǒmen (de) dàxué　　她们（的）公司　tāmen (de) gōngsī

3. 百以内の数詞：

0	1	2	3	4	5	6	7	8	9
零	一	二	三	四	五	六	七	八	九
líng	yī	èr	sān	sì	wǔ	liù	qī	bā	jiǔ

10	11…	20…	21…	22…	34	…	46	…	99
十	十一	二十	二十一	二十二	三十四	…	四十六	…	九十九
shí	shíyī	èrshí	èrshíyī	èrshí'èr	sānshísì		sìshíliù		jiǔshíjiǔ

※「十」は間に挟まる場合、「二」「四」「六」の前では第二声、その他は軽声で発音する。

4．量詞（助数詞）：

ものを数える時、日本語でも「一冊の本」「二枚の紙」「三本の鉛筆」のようにいう。この「冊」「枚」「本」（助数詞）にあたるものを「量詞」という。

語順：

☆数詞＋量詞＋名詞

一　本　书	yì běn shū
两　个　笔记本	liǎng ge bǐjìběn
三　支　铅笔	sān zhī qiānbǐ
几　张　桌子	jǐ zhāng zhuōzi
多少　把　椅子	duōshao bǎ yǐzi

☆指示代名詞＋数詞＋量詞＋名詞

这　两　块　橡皮	zhè liǎng kuài xiàngpí
那　三　本　词典	nà sān běn cídiǎn
哪（一）台　电脑	nǎ (yì) tái diànnǎo
哪　几　个　U盘	nǎ jǐ ge u pán

※物を数えるときは、「二」を使わず、必ず「两」を用いる。

5．疑問詞：「几 jǐ」と「多少 duōshao」＝「いくつ」

「几」はだいたい十以下の数を予想して尋ねる時に使い、「多少」には「几」のような制限はなく、自由に使える。

1) 这　是　几？　　　　　　Zhè shì jǐ?
   这　是　十。　　　　　　Zhè shì shí.
2) 这　是　多少？　　　　　Zhè shì duōshao?
   那　是　五十九。　　　　Nà shì wǔshijiǔ.
3) 那　是　多少　张　照片？　　Nà shì duōshao zhāng zhàopiàn?
   那　是　六十　多　张　照片。　Nà shì liùshí duō zhāng zhàopiàn.

6. 選択疑問文：「A 还是 háishì B？」＝「AそれともBか。」

1) { 你 去 北京，还是 去 上海？　　Nǐ qù Běijīng, háishì qù Shànghǎi?
　　 你 去 北京，还是 她 去？　　　Nǐ qù Běijīng, háishì tā qù?

2) { 你 喝 茶，还是 喝 咖啡？　　　Nǐ hē chá, háishì hē kāfēi?
　　 你 喝 茶，还是 她 喝？　　　　Nǐ hē chá, háishì tā hē?

3) { 你 是 医生，还是 护士？　　　　Nǐ shì yīshēng, háishì hùshi?
　　 你 是 大夫，还是 她 是？　　　Nǐ shì dàifu, háishì tā shì?

　1）の回答例

　{ ①：我去北京。
　　②：我去上海。
　　③：我不去北京，也不去上海，我去香港。

　{ ①：我去北京。
　　②：她去北京。
　　③：我不去北京，她也不去北京。田中去北京。

言い換えてみよう

CD32　新出単語(p78へ)
CD33　例文

1) 你 喝 茶，还是 喝 咖啡？　　Nǐ hē chá, háishì hē kāfēi?
　　茉莉花茶 mòlìhuāchá　　红茶 hóngchá　　绿茶 lǜchá　　茅台酒 máotáijiǔ
　　威示忌 wēishìjì

2) 那 把 伞 是 谁 的？　　Nà bǎ sǎn shì shéi de?
　　本 běn・书 shū　　支 zhī・圆珠笔 yuánzhūbǐ　　个 ge・手机 shǒujī
　　杯 bēi・桔子汁儿 júzizhīr　　瓶 píng・绍兴酒 shàoxīngjiǔ

26

お金の言い方

元 yuán　　角 jiǎo　　分 fēn

块 kuài　　毛 máo　　分 fēn

※普通、会話では「块」「毛」を使う。

1) 这 件 衣服 多少钱?　　Zhè jiàn yīfu duōshaoqián?
   那 件 衣服 九十三 元。　Nà jiàn yīfu jiǔshisān yuán.

2) 筷子 一双 多少钱?　　Kuàizi yìshuāng duōshaoqián?
   筷子 一双 六块七。　　Kuàizi yìshuāng liùkuàiqī.

3) 可口可乐 多少钱 一瓶?　Kěkǒukělè duōshaoqián yìpíng?
   可口可乐 两块五 一瓶。　Kěkǒukělè liǎngkuàiwǔ yìpíng.

説一説 Shuō yi shuō

CD34 新出単語(p78へ)
CD35 例文

会話

这是谁的电脑?
Zhè shì shéi de diànnǎo?

A：这 是 谁 的 电脑?
　　Zhè shì shéi de diànnǎo?

B：那 是 我 朋友 的。
　　Nà shì wǒ péngyou de.

A：这 两 个 U盘 也 是 你 朋友 的 吗?
　　Zhè liǎng ge u pán yě shì nǐ péngyou de ma?

B：不， 那 两 个 U盘 是 资料室 的。
　　Bù, nà liǎng ge u pán shì zīliàoshì de.

A：这 些 张 光盘 是 你 的， 还是 你 朋友 的?
　　Zhè xiē zhāng guāngpán shì nǐ de, háishì nǐ péngyou de?

B：那 些 不 是 我 的， 也 不 是 我 朋友 的， 那些
　　Nà xiē bú shì wǒ de, yě bú shì wǒ péngyou de, nàxiē

　　都 是 图书馆 的。
　　dōu shì túshūguǎn de.

A：这 台 印刷机 是 谁 的?
　　Zhè tái yìnshuājī shì shéi de?

B：那 台 印刷机 是 学校 的。
　　Nà tái yìnshuājī shì xuéxiào de.

練習 3

1) ピンインを漢字に書き直しなさい。

1．Yīngwén ＿＿＿＿　2．jiǔshíliù ＿＿＿＿　3．diànnǎo ＿＿＿＿

4．zázhì ＿＿＿＿　5．péngyou ＿＿＿＿

2) 漢字にピンインをつけなさい。

1．公司 ＿＿＿＿　2．词典 ＿＿＿＿　3．铅笔 ＿＿＿＿

4．多少 ＿＿＿＿　5．上海 ＿＿＿＿

3) 空欄に適切な語句を入れて、答えてみよう。

1．那本书是谁的?　　　那本书是＿＿＿＿。

2．那是谁的雨伞?　　　那是＿＿＿＿的雨伞。

3．这是多少?　　　　　那是＿＿＿＿。

4．这是多少支圆珠笔?　那是＿＿＿＿圆珠笔。

5．你去东京，还是他去?　＿＿＿＿去东京。

4) 次の日本語の意味に合うように、与えられた語句を並び替えなさい。

1．ここは学校ではありません。〔不　学校　这里　是〕

＿＿＿＿＿＿＿＿＿＿＿＿＿＿＿＿＿＿＿＿＿＿＿。

2．これは誰のパソコンですか。〔谁　电脑　这　的　是〕

＿＿＿＿＿＿＿＿＿＿＿＿＿＿＿＿＿＿＿＿＿＿＿?

3．あの雑誌は図書館のものではありません。〔杂志　那些　是　图书馆　不　的〕

＿＿＿＿＿＿＿＿＿＿＿＿＿＿＿＿＿＿＿＿＿＿＿。

4．この椅子はいくらですか。〔把　钱　这　椅子　多少〕

＿＿＿＿＿＿＿＿＿＿＿＿＿＿＿＿＿＿＿＿＿＿＿?

5．あなたはコーヒーを飲みますか、それとも紅茶を飲みますか。

〔喝　喝　还是　你　红茶　咖啡〕

＿＿＿＿＿＿＿＿＿＿＿＿＿＿＿＿＿＿＿＿＿＿＿?

第４课　明天几月几号？
Dì sì kè　Míngtiān jǐ yuè jǐ hào?

要点

１．百以上の数詞：

100	一百 bǎi	101	一百零一 …	109	一百零九
		110	一百一（十）…	119	一百一十九
		120	一百二（十）…	999	九百九十九
1,000	一千 qiān	1,001	一千零一 …	1,010	一千零一十
		1,100	一千一（百）…	9,999	九千九百九十九
10,000	一万 wàn	10,001	一万零一 …	10,100	一万零一百
		11,000	一万一（千）…		
		十万 … 百万 …	…	千万 …	
100,000,000	一亿 yì	十亿 … 百亿 …	…	千亿 …	

※「二百」「二千」「二万」「二亿」は、「两百」「两千」「两万」「两亿」とも言う。

２．時間詞：「什么时候 shénme shíhou」＝いつ

（１）年月日

- 哪一年 nǎ yì nián
  1949年　一千九百四十九年　　一九四九年
  2012年　二千零一十二年　　　二零一二年
  大前年 dàqiánnián　　前年 qiánnián　　去年 qùnián　　今年 jīnnián
  明年 míngnián　　后年 hòunián　　大后年 dàhòunián

- 几月 jǐyuè　　哪（一）个月 nǎ (yí) ge yuè
  一月　二月　三月　……　十二月
  上（个）月 shàng (ge) yuè　　这（个）月 zhè (ge) yuè　　下（个）月 xià (ge) yuè

- 几号 jǐhào（几日 jǐrì）　哪一天 nǎ yì tiān
  一号　二号　三号　……　三十一号
  大前天 dàqiántiān　　前天 qiántiān　　昨天 zuótiān　　今天 jīntiān
  明天 míngtiān　　后天 hòutiān　　大后天 dàhòutiān

（2）曜日

- 星期几 xīngqījǐ

  星期一　星期二　……　星期六　星期天 xīngqītiān［星期日 xīngqīrì］

  上(个)星期一　这(个)星期二　下(个)星期天

（3）時刻

- 几点 jǐdiǎn　几分 jǐfēn　几秒 jǐmiǎo

  零点 língdiǎn　一点　两点 liǎngdiǎn　三点 ……　二十四点

  一分　二分 …　十五分［一刻 yíkè］　三十分［半 bàn］　四十五分［三刻］…

  一秒 ……　五十九秒

  凌晨 língchén　早上 zǎoshang　上午 shàngwǔ　中午 zhōngwǔ　下午 xiàwǔ

  傍晚 bàngwǎn　晚上 wǎnshang　夜里 yèli　深夜 shēnyè

（4）过去 guòqù　现在 xiànzài　将来 jiānglái　以前 yǐqián　以后 yǐhòu

（5）春天 chūntiān　夏天 xiàtiān　秋天 qiūtiān　冬天 dōngtiān

3．**時間の分量**：「多 长 时间 duō cháng shíjiān」=「どれぐらいの時間」

1）几年 jǐnián　　　　多少年　　　一年　　　一年半　　　两年 ……
2）几个月 jǐgeyuè　　多少个月　　一个月　　一个半月　　两个月 ……
3）几个星期 jǐgexīngqī　多少个星期　一个星期　　　　　两个星期 ……
4）几天 jǐtiān　　　　多少天　　　一天　　　一天半　　　两天 ……
5）几个小时 jǐgexiǎoshí　多少个小时　一个小时　一个半小时　两个小时 ……
6）几分钟 jǐfēnzhōng　多少分钟　　一分钟　　一分半钟　　两分钟 ……
7）几秒钟 jǐmiǎozhōng　多少秒钟　　一秒钟　　　　　　　两秒钟 ……

4．**名詞述語文**：

時間、年齢、数量、国籍、本籍等の名詞が直接述語となる。

※否定の場合は「不是 búshì」を使う。

1）今天 几 月 几 号？　　　　Jīntiān jǐ yuè jǐ hào?
2）昨天 **不 是** 星期天。　　Zuótiān bú shì xīngqītiān.
3）现在 两点 半。　　　　　　Xiànzài liǎng diǎn bàn.
4）一 节 课 多 长 时间？　　Yì jié kè duō cháng shíjiān?

5. **終 助 詞**：「吧 ba」＝「〜でしょう 〜しましょう 〜してください」

   1）今天 周末 吧。　　　　　　　　Jīntiān zhōumò ba.
   2）咱们 去 郊游 吧。　　　　　　　Zánmen qù jiāoyóu ba.
   3）喝 茶 吧。　　　　　　　　　　Hē chá ba.

6. **時間詞の位置**：時間詞は通常、動詞の前に置かれる。

   1）上午 九点 半 出 门。　　　　　Shàngwǔ jiǔdiǎn bàn chū mén.
   2）星期几 看 电影?　　　　　　　Xīngqījǐ kàn diànyǐng?
   3）七 月 三十一 号 回 国。　　　　Qī yuè sānshiyī hào huí guó.
   4）什么 时候 去 夏威夷?　　　　　Shénme shíhou qù Xiàwēiyí?

時刻の言い方

現在 几 点?
xiànzài jǐ diǎn?

说一说 Shuō yi shuō

2：00　两点
liǎngdiǎn
两点整
liǎngdiǎnzhěng

2：05　两点五分
liǎngdiǎn wǔfēn
两点 过 五分
liǎngdiǎn guò wǔfēn

2：15　两点十五分
liǎngdiǎn shíwǔfēn
两点一刻
liǎngdiǎn yíkè

2：30　两点三十分
liǎngdiǎn sānshifēn
两点半
liǎngdiǎn bàn

2：45　两点四十五分
liǎngdiǎn sìshiwǔfēn
两点三刻
liǎngdiǎn sānkè

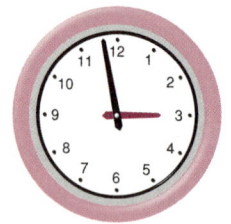

2：58　两点五十八分
liǎngdiǎn wǔshibāfēn
差 两分 三点
chà liǎngfēn sāndiǎn

CD40 新出単語(p81へ)
CD41 例文

国籍・出身地の尋ね方

1) 你 哪国 人？　　　　　Nǐ nǎguó rén?
　 我 意大利 人。　　　　Wǒ Yìdàlì rén.
　 我 不 是 奥地利 人。　Wǒ bú shì Àodìlì rén.

2) 你 哪里 人？　　　　　Nǐ nǎli rén?
　 我 北京 人。　　　　　Wǒ Běijīng rén.
　 我 不 是 上海 人。　　Wǒ bú shì Shànghǎi rén.

說一說　Shuō yī shuō

🔘 CD42　新出単語(p81へ)
🔘 CD43　例文

一般疑問文の応答：（反復疑問文のA・B型も同じ）

　　　　　　　　　　はい。／ いいえ。

判 断 文：是〜吗？　　→是。／ 不是。

動 詞 文：吃〜吗？　　→吃。／ 不吃。
　　　　　喝〜吗？　　→喝。／ 不喝。

形容詞文：饿吗？　　　→饿。／ 不饿。
　　　　　热吗？　　　→热。／ 不热。

所 有 文：有〜吗？　　→有。／ 没有。

存 在 文：在〜吗？　　→在。／ 不在。

会　話

明天　几　月　几　号?
Míngtiān jǐ yuè jǐ hào?

A：明天　几　月　几　号?
　　Míngtiān jǐ yuè jǐ hào?

B：明天　五　月　二十九　号。
　　Míngtiān wǔ yuè èrshijiǔ hào.

A：明天　星期六　吧。
　　Míngtiān xīngqīliù ba.

B：对，明天　周末。
　　Duì, míngtiān zhōumò.

A：咱们　去　迪斯尼　乐园，好　不　好?
　　Zánmen qù Dísīní lèyuán, hǎo bu hǎo?

B：好，几点　走?
　　Hǎo, jǐdiǎn zǒu?

A：早上　八点　走，怎么样?
　　Zǎoshang bādiǎn zǒu, zěnmeyàng?

B：行，明天　早上　八点　出发。
　　Xíng, míngtiān zǎoshang bādiǎn chūfā.

練習 4

1) ピンインを漢字に書き直しなさい。

1. liǎngqiān'èr _____ 2. xīngqīliù _____ 3. xiànzài _____
4. jiānglái _____ 5. xiàtiān _____

2) 漢字にピンインをつけなさい。

1. 什么时候 _____ 2. 晚上 _____ 3. 过去 _____
4. 下午 _____ 5. 明天 _____

3) 空欄に適切な語句を入れて、答えてみよう。

1. 今天 几 月 几 号?　　今天 _____ 月 _____ 号。
2. 昨天 星期 几?　　昨天 星期 _____。
3. 现在 几 点?　　现在 _____。
4. 你 什么时候 回家?　　我 _____ 回家。
5. 你 哪国人?　　我 _____ 人。

4) 次の日本語の意味に合うように、与えられた語句を並び替えなさい。

1. 何時に出かけますか。〔出　门　点　你　几〕
   _____?

2. いつイタリアに行きますか。〔意大利　去　时候　你　什么〕
   _____?

3. あなたはどこの人ですか。〔哪里　你　人〕
   _____?

4. 私は東京出身ですが、あなたは。〔东京人　,　我　你　呢〕
   _____?

5. 彼女は北京出身ではありません。〔北京人　是　她　不〕
   _____。

35

第5课　你家有几口人？
Dì wǔ kè　Nǐ jiā yǒu jǐ kǒu rén?

要　点

1. **所有の「有 yǒu」**：「持つ」　否定形は「**没有** méiyǒu」。
   語順：所有者＋**有**＋（数量・限定語）所有物。
   1) 你 **有** 兄弟 姐妹 吗?　　　Nǐ yǒu xiōngdì jiěmèi ma?
   2) 你 **有** 笔记本电脑 没有?　　Nǐ yǒu bǐjìběndiànnǎo méiyǒu?
   3) 我 **有** 一个 数码 相机。　　Wǒ yǒu yíge shùmǎ xiàngjī.
   4) 今天 下午 **没有** 课。　　　Jīntiān xiàwǔ méiyǒu kè.

2. **多 duō＋形容詞**：数量・程度を尋ねるときに用いる。
   1) 长江 **多** 长?　　　　　　Chángjiāng duō cháng?
      长江 长 6,300 公里。　　　Chángjiāng cháng liùqiān sānbǎi gōnglǐ.
   2) 长安街 **多** 宽?　　　　　Cháng'ānjiē duō kuān?
      长安街 宽 近 100 米。　　Cháng'ānjiē kuān jìn yìbǎi mǐ.
   3) 珠穆朗玛峰 **多** 高?　　　Zhūmùlǎngmǎfēng duō gāo?
      珠穆朗玛峰 高 8,844.43米。　Zhūmùlǎngmǎfēng gāo bāqiān bābǎi sìshisì diǎn sì sān mǐ.
   4) 马里亚纳 海沟 **多** 深?　　Mǎlǐyànà hǎigōu duō shēn?
      马里亚纳 海沟 深 10,920 米。　Mǎlǐyànà hǎigōu shēn yíwàn líng jiǔbǎi èrshi mǐ.

3. **変化の「了 le」**：「～になった」　※文末に置かれる。
   1) 天 亮 **了**。　　　　　　Tiān liàng le.
   2) 中午 十二点 **了**。　　　Zhōngwǔ shí'èr diǎn le.
   3) 妹妹 是 高中生 **了**。　　Mèimei shì gāozhōngshēng le.

4. **比較の表現**：
   語順：
   ☆肯定：A＋比＋B＋形容詞（＋数量）。
   1) 姐姐 **比** 我 大 两 岁。　　Jiějie bǐ wǒ dà liǎng suì.
   2) 弟弟 **比** 妹妹 高 七 公分。　Dìdi bǐ mèimei gāo qī gōngfēn.
   3) 北海道 **比** 东京 冷 多了。　Běihǎidào bǐ Dōngjīng lěng duōle.

☆否定：A＋ 没有 ＋B＋（**那么**・**这么**）形容詞。

   1）妹妹 没有 弟弟 那么 高。   Mèimei méiyǒu dìdi nàme gāo.

   2）东京 没有 北海道 那么 冷。   Dōngjīng méiyǒu Běihǎidào nàme lěng.

   3）甜瓜 没有 西瓜 这么 贵。   Tiánguā méiyǒu xīguā zhème guì.

☆類似：A＋ **和**・**跟** ＋B＋ **一样**（＋形容詞）。

   1）田村 的 成绩 和 中山 的（成绩）一样 好。
              Tiáncūn de chéngjì hé Zhōngshān de (chéngjì) yíyàng hǎo.

   2）草莓 的 价格 跟 苹果 的（价格）一样 贵。
              Cǎoméi de jiàgé gēn píngguǒ de (jiàgé) yíyàng guì.

疑問文の種類（5種6型）

①一般疑問文　p16-4　　〜吗？

②反復疑問文　p21-5

    動詞反復疑問文A型：　　動.＋不動.〜？

    動詞反復疑問文B型：　　動.〜不動.？

    形容詞反復疑問文：　　　形.＋不形.〜？

③省略疑問文　p16-5　　〜，〜呢？

④疑問詞疑問文　p20-4　p25-5　p36-2

                 谁，什么，怎么样，哪儿，几，多少，多大，……

⑤選択疑問文　p26-6　　〜还是〜

言い換えてみよう

CD47　新出単語(p82へ)
CD48　例文

   1）你 有 电脑 没有？　　　　Nǐ yǒu diànnǎo méiyǒu?

      汽车 qìchē　　摩托车 mótuōchē　　自行车 zìxíngchē　　手表 shǒubiǎo

      扇子 shànzi

   2）工作 忙 不 忙？　　　　　Gōngzuò máng bù máng?

      紧张 jǐnzhāng　　轻松 qīngsōng　　愉快 yúkuài　　开心 kāixīn　　认真 rènzhēn

年齢・身長・体重の尋ね方

1) 您 多 大 年纪?　　Nín duō dà niánjì?
   我 八十八 岁 了。　Wǒ bāshibā suì le.
2) 你 多 大?　　　　 Nǐ duō dà?
   我 二十三 岁。　　 Wǒ èrshisān suì.
3) 你 几 岁?　　　　 Nǐ jǐ suì?
   我 六 岁。　　　　 Wǒ liù suì.
4) 你 身高 多少?　　 Nǐ shēngāo duōshao?
   我 一米 七十五 公分。Wǒ yìmǐ qīshiwǔ gōngfēn.
5) 你 女儿 多 高?　　Nǐ nǚ'er duō gāo?
   她 一米六八。　　　Tā yìmǐliùbā.
6) 你 体重 多少?　　 Nǐ tǐzhòng duōshao?
   我 七十 公斤。　　 Wǒ qīshi gōngjīn.
7) 你 儿子 多 重?　　Nǐ érzi duō zhòng?
   我 儿子 三十五 公斤。Wǒ érzi sānshiwǔ gōngjīn.

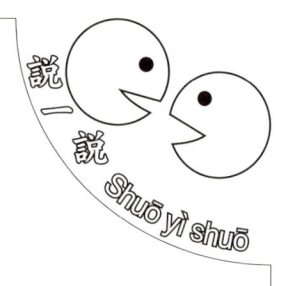

说一说 Shuō yì shuō

CD49 新出単語(p83へ)
CD50 例文

家族の呼称

CD51 新出単語(p83へ)

丈夫 zhàngfu ===== 妻子 qīzi
（爱人 àiren）　　　（爱人 àiren）

儿子 érzi 　　　女儿 nǚ'er

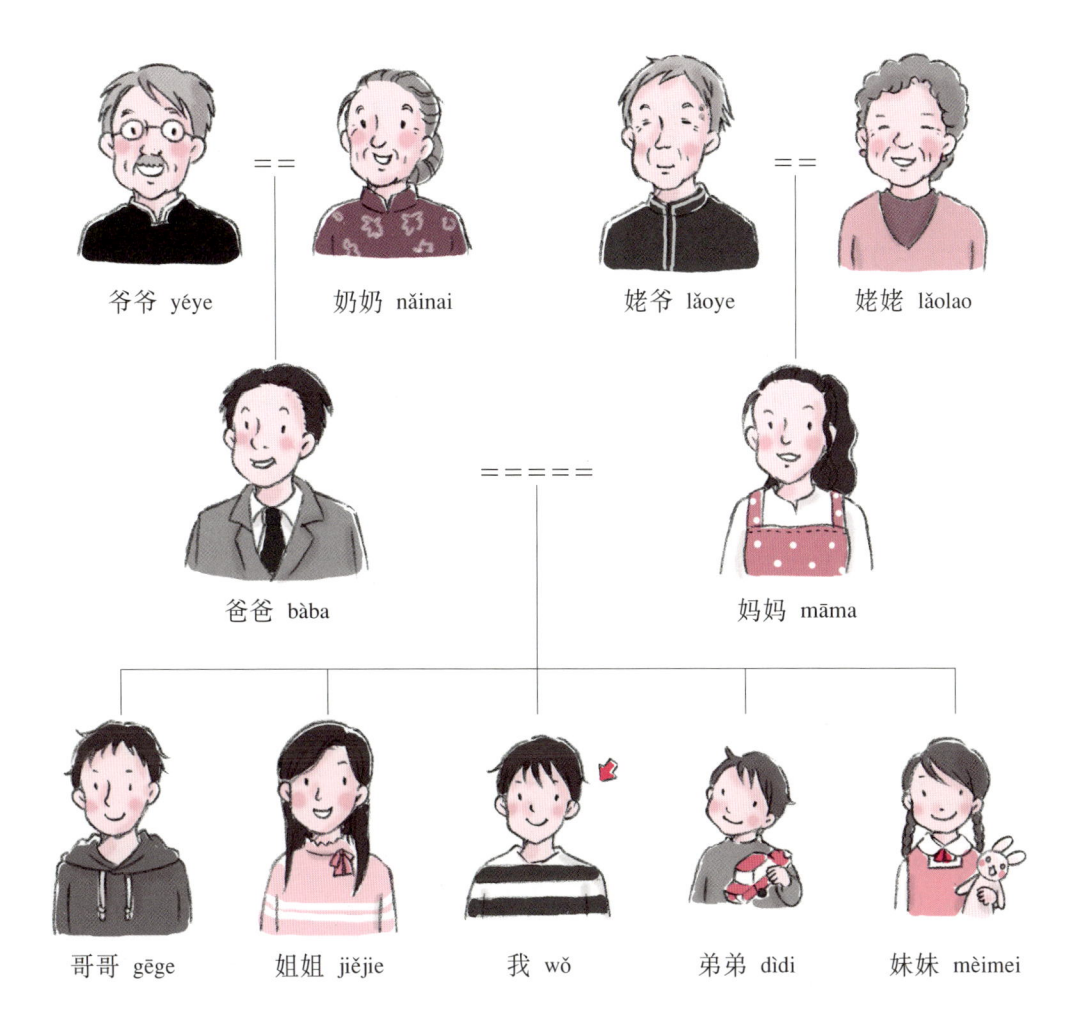

爷爷 yéye　　奶奶 nǎinai　　姥爷 lǎoye　　姥姥 lǎolao

爸爸 bàba　　妈妈 māma

哥哥 gēge　　姐姐 jiějie　　我 wǒ　　弟弟 dìdi　　妹妹 mèimei

会 話

你 家 有 几 口 人?
Nǐ jiā yǒu jǐ kǒu rén?

A：你 家 有 几 口 人?
　　Nǐ jiā yǒu jǐ kǒu rén?

B：我 家 有 四 口 人，爸爸、妈妈、哥哥 和 我。
　　Wǒ jiā yǒu sì kǒu rén, bàba, māma, gēge hé wǒ.

A：你 爸爸 多 大 年纪 了?
　　Nǐ bàba duō dà niánjì le?

B：我 爸爸 今年 四十八 岁 了。
　　Wǒ bàba jīnnián sìshíbā suì le.

A：你 妈妈 呢?
　　Nǐ māma ne?

B：我 妈妈 比 爸爸 小 三 岁。
　　Wǒ māma bǐ bàba xiǎo sān suì.

A：你 爸爸 工作 忙 不 忙?
　　Nǐ bàba gōngzuò máng bù máng?

B：以前 特别 忙。
　　Yǐqián tèbié máng.

A：现在 呢?
　　Xiànzài ne?

B：最近 没有 以前 那么 忙 了。
　　Zuìjìn méiyǒu yǐqián nàme máng le.

練習 5

1) ピンインを漢字に書き直しなさい。

1. jiěmèi _____   2. xiàngjī _____   3. niánjì _____
4. gōngzuò _____ 5. shǒubiǎo _____

2) 漢字にピンインをつけなさい。

1. 轻松 _____   2. 紧张 _____   3. 认真 _____
4. 愉快 _____   5. 开心 _____

3) 空欄に適切な語句を入れて、答えてみよう。

1. 你家有几口人？   我家有 _____ 人。
2. 你有兄弟姐妹吗？   _____，我 _____。
3. 你爸爸多大年纪了？   我爸爸今年 _____ 岁了。
4. 你身高多少？   我身高一米 _____ 公分。
5. 东京比北京冷吗？   东京 _____ 北京 _____ 冷。

4) 次の日本語の意味に合うように、与えられた語句を並び替えなさい。

1. 君にはガールフレンドがいますか。〔吗 你 女 有 朋友〕
_____?

2. 最近、暖かくなってきました。〔了 暖和 最近 天气〕
_____。

3. お姉さんはわたしより五センチ背が高い。〔我 姐姐 五 高 比 公分〕
_____。

4. 彼女の成績はあなたと同様に良い。〔成绩 好 的 的 你 一样 她 和〕
_____。

5. 最近は以前ほど忙しくなくなりました。〔那么 最近 了 以前 没有 忙〕
_____。

第6课　我　老家　在　北海道
　　　　　Dì liù kè　Wǒ　lǎojiā　zài　Běihǎidào

要点

1. 存在の「在 zai」：「〜にある」「〜にいる」

　語順：人・物＋在＋場所（方位詞）。

1）手机 在 桌子 上。　　　　　　Shǒujī zài zhuōzi shang.
2）旅馆 在 车站 东边。　　　　　Lǚguǎn zài chēzhàn dōngbiān.
3）妈妈 不 在 家。　　　　　　　Māma bú zài jiā.
4）社长 没（有）在 办公室 里。　 Shèzhǎng méi(you) zài bàngōngshì li.

2. 存在の「有 yǒu」：「〜にある」「〜にいる」

　語順：場所（方位詞）＋有＋（数量詞）人・物。

1）公园 里 有 很 多 游人。　　　　Gōngyuán li yǒu hěn duō yóurén.
2）电影院 附近 有 一 家 咖啡厅。　Diànyǐngyuàn fùjìn yǒu yì jiā kāfēitīng.
3）这（一）条 街 上 没有 超市。　　Zhè (yì) tiáo jiē shang méiyǒu chāoshì.

3. 方位詞：

A組（単純方位詞）は、単独で使わず、名詞の後につき場所を示す。
B組（合成方位詞）は、単独でも使える。

A組 B組	上 shàng	下 xià	左 zuǒ	右 yòu	前 qián	后 hòu	里 lǐ	外 wài	东 dōng	西 xī	南 nán	北 běi
〜边 ~biān	上边	下边	左边	右边	前边	后边	里边	外边	东边	西边	南边	北边
〜面 ~miàn	上面	下面	左面	右面	前面	后面	里面	外面	东面	西面	南面	北面
〜头 ~tou	上头	下头	—	—	前头	后头	里头	外头	东头	西头	南头	北头

※他に、よく使われるものとして「中」「中间」「旁边」「对面」がある。

1）山 中 无 老虎，猴子 称 大王。　Shān zhōng wú lǎohǔ, hóuzi chēng dàwáng.
2）客厅 中间 有 一 组 沙发。　　　Kètīng zhōngjiān yǒu yì zǔ shāfā.
3）我 旁边 是 老赵。　　　　　　　Wǒ pángbiān shì Lǎo Zhào.
　※人称代名詞の後は合成方位詞を使う。
4）马路 对面 有 一 家 银行。　　　Mǎlù duìmiàn yǒu yì jiā yínháng.

4. 前置詞「在 zài」:「〜で」「〜において」、行為、動作の場所・時間を示す。

語順：主語＋ 在 ＋場所・時間＋動詞（＋目的語）。

1) 我 哥哥 在 香港 工作。　　　　Wǒ gēge zài Xiānggǎng gōngzuò.
2) 你 在 哪 个 教室 上 中文 课?　　Nǐ zài nǎ ge jiàoshì shàng Zhōngwén kè?
3) 运动会 在 下星期天 举行。　　　Yùndònghuì zài xià xīngqītiān jǔxíng.

5. 「喜欢 xǐhuan〜」「爱 ài〜」:「〜が好きだ」「〜するのが好きだ」。

語順：主語＋ 喜欢・爱 ＋名詞。
　　　主語＋ 喜欢・爱 ＋動詞＋目的語。

1) 你 喜欢 什么?　　　　　　　　Nǐ xǐhuan shénme?
2) 她 爱 唱 卡拉OK。　　　　　　Tā ài chàng kǎlāOK.
3) 你 喜(欢) 不 喜欢 玩儿 电脑 游戏?
　　　　　　　　　　　　　　　Nǐ xǐ(huan) bù xǐhuan wánr diànnǎo yóuxì?

言い換えてみよう

CD57 新出単語(p85へ)
CD58 例文

1) 你 爸爸 在 <u>什么 地方</u> 工作?　　Nǐ bàba zài shénme dìfang gōngzuò?
　　我 爸爸 在 ＿＿＿＿ 工作。　　　Wǒ bàba zài ＿＿＿＿ gōngzuò.
　　　医院 yīyuàn　　银行 yínháng　　车站 chēzhàn　　百货商店 bǎihuòshāngdiàn
　　　饭店 fàndiàn

2) 你 喜欢 <u>做 什么</u>?　　　　　　Nǐ xǐhuan zuò shénme?
　　我 喜欢 ＿＿ ＿＿＿＿。　　　　Wǒ xǐhuan ＿＿ ＿＿＿＿.
　　　画 huà・画儿 huàr　　看 kàn・电影 diànyǐng　　打 dǎ・棒球 bàngqiú
　　　集 邮 jí yóu　　散 步 sànbù

場所の尋ね方

Q：请问，食堂 在 哪儿?　　　　　Qǐngwèn, shítáng zài nǎr?
A：食堂 在 教学楼 的 后边。　　　Shítáng zài jiàoxué lóu de hòubiān.

Q：请问，这 附近 哪儿 有 厕所?　　Qǐngwèn, zhè fùjìn nǎr yǒu cèsuǒ?
A：那 栋 楼 里 有 厕所。　　　　　Nà dòng lóu li yǒu cèsuǒ.

CD59 新出単語(p85へ)
CD60 例文

会話

我 老家 在 北海道
Wǒ lǎojiā zài Běihǎidào

A：你 老家 在 哪儿?
　　Nǐ lǎojiā zài nǎr?

B：我 老家 在 北海道。
　　Wǒ lǎojiā zài Běihǎidào.

A：听说 北海道 风景 很 美。
　　Tīngshuō Běihǎidào fēngjǐng hěn měi.

B：是 啊, 我 家 后面 有 一片 小 树林。
　　Shì a, wǒ jiā hòumiàn yǒu yípiàn xiǎo shùlín.

A：树林 里 一定 有 很 多 小动物 吧。
　　Shùlín li yídìng yǒu hěn duō xiǎodòngwù ba.

B：有 啊, 松鼠、小鹿、兔子 什么的。
　　Yǒu a, sōngshǔ, xiǎolù, tùzi shénmede.

A：你 小时候 经常 在 小 树林 里 玩儿 吗?
　　Nǐ xiǎoshíhou jīngcháng zài xiǎo shùlín li wánr ma?

B：我 特别 喜欢 在 树林 里 采 蘑菇。
　　Wǒ tèbié xǐhuan zài shùlín li cǎi mógu.

練習 6

1) ピンインを漢字に書き直しなさい。

1. pángbiān _____ 2. duìmiàn _____ 3. xuéxiào _____
4. lǎojiā _____ 5. cèsuǒ _____

2) 漢字にピンインをつけなさい。

1. 图书馆 _____ 2. 教室 _____ 3. 棒球 _____
4. 地方 _____ 5. 风景 _____

3) 空欄に［在 有］のいずれかを入れて、言ってみよう。

1. 老师 现在 _____ 教室 里 上课。
2. 图书馆 里 _____ 很 多 书。
3. 超市 附近 _____ 一 家 电影院。
4. 茶杯 _____ 桌子 上。
5. 食堂 _____ 办公室 对面。

4) 次の日本語の意味に合うように、与えられた語句を並び替えなさい。

1. スーパーはどこにありますか。〔哪儿 超市 在〕

   _____?

2. 講堂のなかに売店があります。〔小卖部 里面 有 礼堂〕

   _____。

3. 私達は毎日学校の食堂で食事をします。〔吃 每天 食堂 在 我们 饭 学校〕

   _____。

4. 私はわりに音楽を聴くのが好きです。〔比较 音乐 我 听 喜欢〕

   _____。

5. 私はとりわけ林で遊ぶのが好きです。〔爱 树林 我 特别 在 玩儿 里〕

   _____。

第 7 课　暑假 过 得 怎么样?
Dì qī kè　Shǔjià guò de zěnmeyàng?

要　点

1. **様態・程度補語**：補語として「動詞＋得 de」の後に置かれ、その動詞の様態・程度を形容する。

　　語順：主語＋動詞＋ **得** ＋様態・程度補語。
　　　　　主語＋（動詞）＋目的語＋同じ動詞＋ **得** ＋様態・程度補語。

　　1）她 跑 **得** 很 快。　　　　　　　Tā pǎo de hěn kuài.
　　2）雨 下 **得** 很 大。　　　　　　　Yǔ xià de hěn dà.
　　3）他（说）汉语 说 **得** 怎么样?　　Tā (shuō) Hànyǔ shuō de zěnmeyàng?
　　　　他（说）汉语 说 **得** 和 中国人 一样 好。
　　　　　　　　　　　　　　　　　　　Tā (shuō) Hànyǔ shuō de hé Zhōngguórén yíyàng hǎo?
　　4）弟弟（打）网球 打 **得** 怎么样?　　Dìdi (dǎ) wǎngqiú dǎ de zěnmeyàng?
　　　　弟弟（打）网球 打 **得** 没有 哥哥 好。
　　　　　　　　　　　　　　　　　　　Dìdi (dǎ) wǎngqiú dǎ de méiyǒu gēge hǎo.

2. **連　動　文**：
　　一つの主語に対して二つ以上の動詞、動詞句を持つ文。動詞相互の関係は、前後して起こる動作、或いは一方が他方の目的、方式、原因などである。

　　1）我 回 家 吃 饭。　　　　　　Wǒ huí jiā chī fàn.
　　2）他 去 美国 留学。　　　　　　Tā qù Měiguó liúxué.
　　3）老师 用 中文 讲 课。　　　　Lǎoshī yòng Zhōngwén jiǎng kè.
　　4）弟弟 踢 足球 扭 了 脚。　　　Dìdi tī zúqiú niǔ le jiǎo.

3. **動作の完了・実現を示す「了 le」**：「〜た」。
　　※否定は「没(有) méi(you)」で、「了」は取る。

　　1）昨天 我 买 **了** 很 多 英文 书。　　Zuótiān wǒ mǎi le hěn duō Yīngwén shū.
　　2）你 看 **了** 那 部 电影 吗?　　　　Nǐ kàn le nà bù diànyǐng ma?
　　　　我 看 **了**。／我 还 **没有** 看。　　Wǒ kàn le. ／ Wǒ hái méiyǒu kàn.

4. **「是 shì〜的 de」**：
　　すでに実現した既知の動作・行為について、時間・場所・方式・目的・動作主などを強調説明

する。「是」は省略できる。

1）你（是）什么时候来的?　　　　Nǐ (shì) shénme shíhou lái de?
2）你（是）从哪儿来的?　　　　　Nǐ (shì) cóng nǎr lái de?
3）你（是）怎么来的?　　　　　　Nǐ (shì) zěnme lái de?
4）那本小说（是）谁写的?　　　　Nà běn xiǎoshuō (shì) shéi xiě de?

比一比 bǐyìbǐ

1）我骑车去。　　　　　　　　　　Wǒ qí chē qù.
　我骑车去的。　　　　　　　　　Wǒ qí chē qù de.
2）我明年毕业。　　　　　　　　　Wǒ míngnián bìyè.
　我五年前毕的业。　　　　　　　Wǒ wǔ nián qián bì de yè.
3）我（每天）早上七点起床。　　　Wǒ (měitiān) zǎoshang qī diǎn qǐ chuáng.
　我（今天）早上七点起的床。
　　　　　　　　　　　　　　　　　Wǒ (jīntiān) zǎoshang qī diǎn qǐ de chuáng.

---

5. 疑問詞：「怎么 zěnme」=「どのように～」
※動詞の前に置かれ、その動作の方式を問う。

1）这个字怎么念?　　　　　　　　Zhè ge zì zěnme niàn?
　那个字念～。　　　　　　　　　Nà ge zì niàn ~ .
2）「リンゴ」用中文怎么说?　　　「リンゴ」yòng Zhōngwén zěnme shuō?
　「リンゴ」用中文说（是）「苹果」。　「リンゴ」yòng Zhōngwén shuō (shì)「píngguǒ」.

CD64 新出単語(p86へ)

6. 前置詞：
一般に名詞を目的語とし、述語を修飾する。

☆「从 cóng」=「～から」 動作の起点を示す。
1）她是从美国来的留学生。　　　Tā shì cóng Měiguó lái de liúxuéshēng.
2）我从老李那儿借了这件衣服。　Wǒ cóng lǎolǐ nàr jiè le zhè jiàn yīfu.
　※前置詞の目的語が「人」を指す場合、「这儿」や「那儿」を必要とする。

☆「到 dào」=「～まで」 動作の終点を示す。
1）她们从早到晚工作。　　　　　　Tāmen cóng zǎo dào wǎn gōngzuò.
2）从你家到学校远不远?　　　　　Cóng nǐ jiā dào xuéxiào yuǎn bu yuǎn?

☆「离 lí」=「～から」「～は～に」、空間や時間の間隔を示す。
1）我家离学校不太远。　　　　　　Wǒ jiā lí xuéxiào bú tài yuǎn.
2）现在离春节还有一个月。　　　　Xiànzài lí chūnjié hái yǒu yí ge yuè.

☆「往 wǎng」「向 xiàng」「朝 cháo」＝「〜に向かって」「〜の方へ」、動作の向かう方向を示す。

1) 人 往 高处 走，水 往 低处 流。　　Rén wǎng gāochù zǒu, shuǐ wǎng dīchù liú.
2) 从 这儿 向 南 一直 走。　　Cóng zhèr xiàng nán yìzhí zǒu.
3) 大门 朝 南 开。　　Dàmén cháo nán kāi.

☆「对 duì」＝「〜について」「〜に対して」 動作の対象を示す。

1) 她 对 新 科技 很 感 兴趣。　　Tā duì xīn kējì hěn gǎn xìngqù.
2) 他 对 我 说 了 这 件 事。　　Tā duì wǒ shuō le zhè jiàn shì.

☆「给 gěi」＝「〜に」「〜のために」 動作の受け手を示す。

1) 老师 给 孩子们 讲 故事。　　Lǎoshī gěi háizimen jiǎng gùshi.
2) 小朋友们 天天 给 花儿 浇 水。　　Xiǎopéngyoumen tiāntiān gěi huār jiāo shuǐ.

☆「在」＝「〜に」「〜で」 動詞の後につき、動作の到達点や場所・時間を示す。

1) 今晚 住 在 长城 饭店。　　Jīnwǎn zhù zài Chángchéng fàndiàn.
2) 事件 发生 在 一 个 星期 前。　　Shìjiàn fāshēng zài yí ge xīngqī qián.

7. 動量・時量補語：補語として動詞の後に置かれ、動作・行為の回数や持続時間や経過時間を表す。目的語が代名詞の場合は、動量補語は目的語の後に置く。

語順：主語＋動詞＋動量・時量補語。

1) 他 看 了 两 场 电影。　　Tā kàn le liǎng chǎng diànyǐng.
2) 我 学 了 三 个 月 中文。　　Wǒ xué le sān ge yuè Zhōngwén.
3) 姐姐 打 了 一 个 小时 电话。　　Jiějie dǎ le yí ge xiǎoshí diànhuà.
4) 我 见 了 她 两 次。　　Wǒ jiàn le tā liǎng cì.

言い換えてみよう

CD65 新出単語(p87へ)
CD66 例文

1) 你 是 怎么 来 的?　　Nǐ shì zěnme lái de?
　　我 是 ＿＿＿ 来 的。　　Wǒ shì ＿＿＿ lái de.
　　走 着 zǒu zhe　　骑 自行车 qí zìxíngchē　　坐 汽车 zuò qìchē
　　开 车 kāi chē　　打 的 dǎ dī
　　＊「打的」の「的」はふつう第一声「dī」と発音される。

2) 你 去 商店 买 什么?　　Nǐ qù shāngdiàn mǎi shénme?
　　我 去 商店 买 ＿＿＿。　　Wǒ qù shāngdiàn mǎi ＿＿＿.
　　电视 diànshì　　游戏机 yóuxìjī　　衣服 yīfu　　吃的 chīde　　喝的 hēde

道・路線の尋ね方

説一説 Shuō yi shuō

Q：请 问，从 这儿 去 邮局 怎么 走？
　　Qǐng wèn, cóng zhèr qù yóujú zěnme zǒu?

A：邮局 离 这儿 不 太 远。从 这儿 出去，沿 着 这 条 路 一直 往 前
　　Yóujú lí zhèr bú tài yuǎn. Cóng zhèr chūqù, yán zhe zhè tiáo lù yìzhí wǎng qián

　　走 一百米 左右，向 左 拐，到 第 二 个 红绿灯 朝 北 走，过 了
　　zǒu yìbǎimǐ zuǒyòu, xiàng zuǒ guǎi, dào dì èr ge hónglǜdēng cháo běi zǒu, guò le

　　马路，再 走 几 步，右侧 第 三 家 就 是 邮局 了。
　　mǎlù, zài zǒu jǐ bù, yòucè dì sān jiā jiù shì yóujú le.

Q：从 你 家 到 学校 怎么 走？　　Cóng nǐ jiā dào xuéxiào zěnme zǒu?

A：在 涩谷 坐 山手线 到 新宿，
　　Zài Sègǔ zuò Shānshǒuxiàn dào Xīnsù,

　　换乘 总武线，在 御茶水站 下车，
　　huànchéng Zǒngwǔxiàn, zài Yùcháshuǐzhàn xiàchē,

　　出 了 车站 往 右 一直 走，
　　chū le chēzhàn wǎng yòu yìzhí zǒu,

　　过 了 马路［天桥］就 到 了。
　　guò le mǎlù [tiānqiáo] jiù dào le.

会話

暑假 过 得 怎么样？
Shǔjià guò de zěnmeyàng?

A：好 久 没 见 了。暑假 过 得 怎么样？
　　Hǎo jiǔ méi jiàn le. Shǔjià guò de zěnmeyàng?

B：过 得 又 充实 又 愉快。
　　Guò de yòu chōngshí yòu yúkuài.

A：去 哪儿 玩儿 了？
　　Qù nǎr wánr le?

B：去 北京 了。
　　Qù Běijīng le.

A：和 谁 一起 去 的？
　　Hé shéi yìqǐ qù de?

B：和 青少年 访华 团 一起 去 的。
　　Hé qīngshàonián fǎnghuá tuán yìqǐ qù de.

A：怎么 去 的？
　　Zěnme qù de?

B：从 神户 到 天津 是 坐 船 去 的。然后 坐 火车
　　Cóng Shénhù dào Tiānjīn shì zuò chuán qù de. Ránhòu zuò huǒchē
　　去 的 北京。
　　qù de Běijīng.

A：去 了 多 长 时间？
　　Qù le duō cháng shíjiān?

B：去 了 半 个 月。游览 了 故宫，登 了 长城。
　　Qù le bàn ge yuè. Yóulǎn le Gùgōng, dēng le Chángchéng.

A：住 在 哪 个 饭店 了？
　　Zhù zài nǎ ge fàndiàn le?

B：住 在 北京 饭店 了。
　　Zhù zài Běijīng fàndiàn le.

A：玩儿 得 开心 吗？
　　Wánr de kāixīn ma?

B：玩儿 得 特别 开心。
　　Wánr de tèbié kāixīn.

スポーツ・音楽関連語句　CD71　新出単語(p88へ)

打〜 dǎ

乒乓球 pīngpāngqiú

网球 wǎngqiú

棒球 bàngqiú

保龄球 bǎolíngqiú

太极拳 tàijíquán

踢〜 tī

足球 Zúqiú

游泳 yóu yǒng

滑冰 huá bīng

滑雪 huá xuě

51

吹～ chuī

小号 xiǎohào 　　　萨克管 sākèguǎn

拉～ lā

小提琴 xiǎotíqín 　　　二胡 èrhú

弹～ tán　　　　　　　　　　　　打～ dǎ

吉他 jítā 　　　钢琴 gāngqín　　　扬琴 yángqín

唱～ chàng

京剧 Jīngjù 　　　卡拉OK KǎlāOK

練習 7

1) ピンインを漢字に書き直しなさい。

1. yóulǎn _____
2. yúkuài _____
3. kāixīn _____
4. kāi chē _____
5. dǎ diànhuà _____

2) 漢字にピンインをつけなさい。

1. 暑假 _____
2. 电影 _____
3. 饭店 _____
4. 足球 _____
5. 兴趣 _____

3) 空欄に〔的 得 从 离 到〕から適切な語を選び、文を完成させなさい。

1. 现在 _____ 考试 还 有 一 个 星期。
2. 他 明天 _____ 香港 回国。
3. 那 本 小说 是 夏目漱石 写 _____。
4. 她 英文 说 _____ 不 好。
5. 我们 _____ 上午 九点 _____ 下午 四点 上课。

4) 次の日本語の意味に合うように、与えられた語句を並び替えなさい。

1. ここから学校まで30分かかります。〔学校 从 半个小时 到 这儿 要〕

   _____。

2. かれらはいつ北京から来たのですか。〔从 什么时候 北京 的 他们 来〕

   _____？

3. 私達は毎日自転車で学校に行きます。〔自行车 我们 学校 每天 骑 去〕

   _____。

4. 私は英語を勉強しにイギリスに行く。〔我 英语 学 去 英国〕

   _____。

5. 兄のほうが弟より中国語がずっと上手だ。

   〔哥哥 弟弟 说 汉语 得 说 比 多了 好〕

   _____。

第8课 你 看 没 看 过 京剧?
Dì bā kè　　Nǐ　kàn　méi　kàn　guo　Jīngjù?

要 点

CD72
新出単語(p89へ)

1. 経験を表す「動詞＋过 guo」：「～したことがある」。

   ※否定は「没（有）méi(you)」を用いる。

   1) 我 去 过 两次 上海。　　　　　Wǒ qù guo liǎngcì Shànghǎi.
   2) 他 没 看 过 京剧。　　　　　　Tā méi kàn guo Jīngjù.
   3) 你 吃 过 北京 烤鸭 没有?　　　Nǐ chī guo Běijīng kǎoyā méiyǒu?

2. 複 文：

   ☆逆接関係　「虽然 suīrán～但是 dànshì（可是 kěshì）～」＝「～が」「～けれども」

   1) **虽然** 价格 很 便宜，**但是** 质量 很 好。

   　　　　　　　　　　　　Suīrán jiàgé hěn piányi, dànshì zhìliàng hěn hǎo.

   2) 她 **虽然** 年纪 不 大，**可是** 经验 非常 丰富。

   　　　　　　　　　　　　Tā suīrán niánjì bú dà, kěshì jīngyàn fēicháng fēngfù.

   ☆仮定関係　「如果 rúguǒ（要是 yàoshì）～的话 dehuà，就 jiù～」＝「もし～ならば」

   1) **如果** 明天 不 下 雨 **的话**，我们 **就** 去 海边 玩儿。

   　　　　　　　　　　　　Rúguǒ míngtiān bú xià yǔ de huà, wǒmen jiù qù hǎibiān wánr.

   2) **要是** 你 支持 **的话**，事情 **就** 好 办 了。

   　　　　　　　　　　　　Yàoshì nǐ zhīchí de huà, shìqing jiù hǎo bàn le.

3. 願望・意志の表現：

   「想 xiǎng」「要 yào」「愿意 yuànyì」「打算 dǎsuàn」「准备 zhǔnbèi」

   ＝「～したい　～するつもり　～しようとする」

   1) 将来 我 **想** 当 飞行员。　　　Jiānglái wǒ xiǎng dāng fēixíngyuán.
   2) 你 **要** 考 驾驶 执照 吗?　　　Nǐ yào kǎo jiàshǐ zhízhào ma?
      我 不 **想** 考 驾照。　　　　　Wǒ bù xiǎng kǎo jiàzhào.
      ※「要」の否定は「不 要」ではなく、「不 想」を用いる。
   3) 年青人 都 **愿意** 参加 公益 活动。　Niánqīngrén dōu yuànyì cānjiā gōngyì huódòng.
   4) 我 **打算** 明天 交 报告。　　　Wǒ dǎsuàn míngtiān jiāo bàogào.
   5) 寒假 你 **准备** 做 什么?　　　Hánjià nǐ zhǔnbèi zuò shénme?

4. 二重目的語をとる動詞：

二重目的語をとる動詞は「教える」「与える」など授与関係を示すものである。

語順：主語＋述語（動詞）＋間接目的語（人）＋直接目的語（物）。

1）张 老师 教 我们 中文。　　　　Zhāng lǎoshī jiāo wǒmen Zhōngwén.
2）朋友 给 了 我 一 件 礼物。　　Péngyou gěi le wǒ yí jiàn lǐwù.

言い換えてみよう

CD73 新出単語(p90へ)
CD74 例文

1）将来 你 想 做 什么?　　　　　Jiānglái nǐ xiǎng zuò shénme?
　　将来 我 想 ___ _____。　　Jiānglái wǒ xiǎng __ _____.
　　当 dāng・工程师 gōngchéngshī　　当 dāng・设计师 shèjìshī
　　搞 gǎo・科研 kēyán　　开 kāi・公司 gōngsī　　做 zuò・买卖 mǎimai

2）朋友 送 我 一 张 戏票。　　　Péngyou sòng wǒ yì zhāng xìpiào.
　　借 jiè・本 běn・杂志 zázhì　　还 huán・万 wàn・日元 Rìyuán
　　问 wèn・个 ge・问题 wèntí　　通知 tōngzhī・件 jiàn・事 shì
　　告诉 gàosu・个 ge・好消息 hǎoxiāoxi

会 話

你 看 没 看 过 京剧?
Nǐ kàn méi kàn guo Jīngjù?

A：你 看 没 看 过 京剧?
　　Nǐ kàn méi kàn guo Jīngjù?

B：我 看 过 录相，但是 还 没 在 剧场 看 过 演出。
　　Wǒ kàn guo lùxiàng, dànshì hái méi zài jùchǎng kàn guo yǎnchū.

A：你 知道 吗? 中国 京剧 团 来 日本 演出 了。
　　Nǐ zhīdào ma? Zhōngguó jīngjù tuán lái Rìběn yǎnchū le.

B：真 的? 我 很 想 去 看。
　　Zhēn de? Wǒ hěn xiǎng qù kàn.

A：朋友 送 了 我 两 张 戏票，如果 你 愿意 的 话，
　　Péngyou sòng le wǒ liǎng zhāng xìpiào, rúguǒ nǐ yuànyì de huà,

　　就 跟 我 一起 去 吧。
　　jiù gēn wǒ yìqǐ qù ba.

B：我 当然 愿意。票 是 什么 时候 的?
　　Wǒ dāngrán yuànyì. Piào shì shénme shíhòu de?

A：下 星期六 晚上 六 点 半 开演。
　　Xià xīngqīliù wǎnshang liù diǎn bàn kāiyǎn.

B：太 好 了，谢谢 你。
　　Tài hǎo le, xièxie nǐ.

練習 8

1 ピンインを漢字に書き直しなさい。

1. dǎsuàn _____　　2. yuànyì _____　　3. zhǔnbèi _____
4. xiāoxi _____　　5. bàogào _____

2 漢字にピンインをつけなさい。

1. 演出 _____　　2. 戏票 _____　　3. 京剧 _____
4. 剧场 _____　　5. 开演 _____

3 空欄に〔想 和 如果 过 就 但是〕から適切な語を選び、文を完成させなさい。

1. 你 看 _____ 中国 电影 没 有？
2. 我 虽然 很 喜欢 京剧，_____ 还 没 在 剧场 看 过。
3. _____ 你 不 愿意 的 话，我 _____ 不 去 了。
4. 我 _____ 吃 东西。
5. 你 _____ 谁 一起 去 旅游？

4 次の日本語の意味に合うように、与えられた語句を並び替えなさい。

1. あなたは万里の長城に行ったことがありますか。〔没 过 万里长城 去 去 你〕
_____？

2. 私は一度北京に行って来るつもりです。〔一趟 北京 打算 我 去〕
_____。

3. 彼女は私に芝居のチケットを二枚くれた。〔我 她 两张 送 了 戏票〕
_____。

4. 私はとても京劇を見に行きたい。〔京剧 看 很 去 想 我〕
_____。

5. 私はまだ北京でペキンダックを食べたことがありません。
〔我 北京 还 在 没 过 北京烤鸭 吃〕
_____。

第9课 我在看中文小说呢
Dì jiǔ kè　Wǒ zài kàn Zhōngwén xiǎoshuō ne

要点

1. 副詞「在 zài」：「～ている」

動詞の直前に置いて、動作が進行中であることを表す。

※「正 zhèng」「在 zài」「呢 ne」のいずれかが文にあれば、進行中である意味になる。否定の場合、「没有在＋動詞」を使うが、「在」は省略されることが多い。

1) 妈妈 **在** 看 电视剧。　　　　　　　Māma zài kàn diànshìjù.
2) 老师 **在** 上 课 **呢**。　　　　　　Lǎoshī zài shàng kè ne.
3) 哥哥 **正 在** 吃 饭 **呢**。　　　　　Gēge zhèng zài chī fàn ne.
4) 弟弟 **没有**（**在**）做 功课。　　　Dìdi méiyǒu (zài) zuò gōngkè.

2. 可能動詞：「会 huì」「能 néng」「可以 kěyǐ」＝「～できる」

☆習得した結果

1) 他 **会** 打 台球。　　　　　　　　　Tā huì dǎ táiqiú.
2) 我 **会** 滑 雪。　　　　　　　　　　Wǒ huì huá xuě.

☆能力・客観条件・許可

1) 你 **能** 游 多 远?　　　　　　　　　Nǐ néng yóu duō yuǎn?
2) 明天 的 会议 我 不 **能** 参加。　　　Míngtiān de huìyì wǒ bù néng cānjiā.
3) 我 **可 不 可以** 用用 你 的 电脑?　　Wǒ kě bu kěyǐ yòngyong nǐ de diànnǎo?
4) 这儿 **可以** 抽烟 吗?　　　　　　　Zhèr kěyǐ chōuyān ma?
　　不 行，这儿 不 能 抽烟。　　　　Bù xíng, zhèr bù néng chōuyān.

※普通、「可以」の否定は「不 能」を用いる。

3. 離合詞：「動詞＋目的語」構造を持つ語で、通常日本語においては一つの動詞として認識されているが、助詞や数量補語を伴う場合、動詞と目的語が分離する。

常用されるのは、「起床 qǐ//chuáng ＝ 起きる」　「睡觉 shuì//jiào ＝ 寝る」
　　　　　　　「毕业 bì//yè ＝ 卒業する」　　「留学 liú//xué ＝ 留学する」
　　　　　　　「结婚 jié//hūn ＝ 結婚する」　「游泳 yóu//yǒng ＝ 泳ぐ」
　　　　　　　「打工 dǎ//gōng ＝ アルバイトする」　など。

1) 今天 早上 五 点 **起** 的 **床**。　　　Jīntiān zǎoshàng wǔ diǎn qǐ de chuáng.
2) 我 是 昨天 晚上 十二 点 **睡** 的 **觉**。　Wǒ shì zuótiān wǎnshang shí'èr diǎn shuì de jiào.
3) 每 星期 **打** 三 次 **工**。　　　　　Měi xīngqī dǎ sān cì gōng.

4. 結果補語：動詞の直後において、動作や行為の結果を表す。

   常用されるのは、「～完 wán ＝ ～し終わる」　　「～懂 dǒng ＝ ～してわかる」
   　　　　　　　　「～到 dào ＝ ～手にいれる」　　「～清楚 qīngchu ＝ はっきりと～」
   　　　　　　　　「～见 jiàn ＝ 耳や目で感じ取る」「～会 huì ＝ ～して習得する」
   　　　　　　　　「～好 hǎo ＝ 満足できる状態になる」など。

   1) 弟弟做完作业了。　　　　　　　　Dìdi zuò wán zuòyè le.
   2) 你听懂我的话了吗？　　　　　　　Nǐ tīng dǒng wǒ de huà le ma?
   3) 我想学好中文。　　　　　　　　　Wǒ xiǎng xué hǎo zhōngwén.

5. 可能補語：「結果補語」「方向補語」に用いる。動詞と結果／方向補語の間に「得 de／
   　　　　　不 bu」を入れ、可能／不可能を表す。

   1) 你听得见小鸟的叫声吗？　　　　　Nǐ tīng de jiàn xiǎoniǎo de jiàoshēng ma?
   2) 音乐会的票买得到买不到？　　　　Yīnyuèhuì de piào mǎi de dào mǎi bu dào?
   3) 你看得见黑板上的字吗？　　　　　Nǐ kàn de jiàn hēibǎn shàng de zì ma?
   　　我看得见，但是看不清楚。　　　Wǒ kàn de jiàn, dànshì kàn bu qīngchu.

6. 動詞の重ね ＝「ちょっと～してみる」

尝尝	尝一下	尝一尝	尝尝看
chángchang	chángyíxià	chángyìcháng	chángchangkàn
写写	写一下	写一写	写写看
xiěxie	xiěyíxià	xiěyìxiě	xiěxiekàn
练习练习	练习一下	×	练习练习看
liànxíliànxí	liànxíyíxià		liànxíliànxíkàn
商量商量	商量一下	×	商量商量看
shāngliangshāngliang	shāngliangyíxià		shāngliangshāngliangkàn

言い換えてみよう

CD78 新出単語(p91へ)
CD79 例文

1) 他会说中文。　　　　　　Tā huì shuō zhōngwén.
   骑 qí・摩托车 mótuōchē　　开 kāi・卡车 kǎchē　　做 zuò・饭 fàn
   打 dǎ・高尔夫球 gāo'ěrfūqiú　　下 xià・围棋 wéiqí

2) 这儿不能抽烟。　　　　　Zhèr bù néng chōu yān.
   喝酒 hē jiǔ　　吃东西 chī dōngxi　　说话 shuō huà　　停车 tíng chē
   钓鱼 diào yú

会 话

我 在 看 中文 小说 呢
Wǒ zài kàn Zhōngwén xiǎoshuō ne

A：你 在 看 什么 书?
　　Nǐ zài kàn shénme shū?

B：我 正 在 看 中文 小说 呢。
　　Wǒ zhèng zài kàn Zhōngwén xiǎoshuō ne.

A：听说 你 现在 在 学 中文，是 吗?
　　Tīngshuō nǐ xiànzài zài xué Zhōngwén, shì ma?

B：是 的。你 会 中文 吗?
　　Shì de. Nǐ huì Zhōngwén ma?

A：会 一些，我 在 中国 留 过 两 年 学。
　　Huì yìxiē, wǒ zài Zhōngguó liú guo liǎng nián xué.

B：那，你 能 看 懂 中文 小说 吧。
　　Nà, nǐ néng kàn dǒng Zhōngwén xiǎoshuō ba.

A：差 不 多 都 能 看 懂。
　　Chà bu duō dōu néng kàn dǒng.

B：我 有些 地方 看 不 懂。请 给 我 讲讲。
　　Wǒ yǒuxiē dìfang kàn bu dǒng. Qǐng gěi wǒ jiǎngjiang.

A：没 问题。哪儿 不 明白?
　　Méi wèntí. Nǎr bù míngbai?

B：请 告诉 我 这 句 话 是 什么 意思。
　　Qǐng gàosu wǒ zhè jù huà shì shénme yìsi.

練習 9

1) ピンインを漢字に書き直しなさい。

1. tīngqīngchu _____ 2. kànbudǒng _____ 3. chángchang _____
4. míngbai _____ 5. zhèngzài _____

2) 漢字にピンインをつけなさい。

1. 毕业 _____ 2. 抽烟 _____ 3. 听音乐 _____
4. 用电脑 _____ 5. 做作业 _____

3) 空欄に〔会 能 可以〕のいずれかを入れて、文を完成させなさい。

1. 我 _____ 游 一千米。
2. 我 _____ 用用 你 的 手机 吗?　　不 行。
3. 下星期六 你 _____ 参加 那个 会议 吗?
4. 不 _____ 在 图书馆 里 说话。
5. 你 _____ 开车 吗?　　我 不 _____ 开车。

4) 次の日本語の意味に合うように、与えられた語句を並び替えなさい。

1. あなたはあの小説を読み終えましたか。〔小说 你 那本 看 了 完 吗〕
_____?

2. 明日は時間がないので、来られません。〔不 来 明天 没 ， 我 有 能 时间〕
_____。

3. 先生は今部屋で休憩中です。〔休息 正 现在 屋里 呢 老师 在〕
_____。

4. 京劇のセリフをあなたは聴き取れますか。〔京剧 你 听 的 得 懂 吗 台词〕
_____?

5. このことについて、わたしはあなたと相談したい。
　　　　　　　　　　〔我 商量商量 ， 这件 跟 事儿 要 你〕
_____。

第10课　那里贴出来一张新广告
Dì shí kè　　Nàli tiē chū lái yì zhāng xīn guǎnggào

要　点

1. **存　現　文**：存在や現象を表す。

    語順：「場所・時間＋動詞＋名詞（存在・出現・消失するもの）」
    　　　＝「～が存在・出現・消失する」。

    1）墙 上 挂 着 一 张 世界 地图。　　Qiáng shang guà zhe yì zhāng shìjiè dìtú.
    2）这 个 学期 来 了 一 个 新 学生。　Zhè ge xuéqī lái le yí ge xīn xuésheng.
    3）昨天 丢 了 一 个 手机。　　　　　Zuótiān diū le yí ge shǒujī.

2. **持続を表す「着 zhe」**：「～ている」

    動詞の直後につき、その動作が今進行中、或いは動作の結果が存続中であることを表す。

    1）外边 正 刮 着 台风 呢。　　　　　Wàibiān zhèng guā zhe táifēng ne.
    2）躺 着 看 书 不 是 好 习惯。　　　Tǎng zhe kàn shū bú shì hǎo xíguàn.

3. **方 向 補 語**：動詞の後に付け、「～てくる」「～ていく」「～しはじめる」のように、動作
    　　　　　　　の方向や発生等を表す。

	上 shàng	下 xià	进 jìn	出 chū	回 huí	过 guò	起 qǐ	开 kāi
～来 ~lái	上来	下来	进来	出来	回来	过来	起来	－
～去 ~qù	上去	下去	进去	出去	回去	过去	－	－

1）我 上 来 了，他 下 去 了。　　　Wǒ shàng lái le, tā xià qù le.
2）老师 走 进 教室 来 了。　　　　Lǎoshī zǒu jìn jiàoshì lái le.
3）下 起 雨 来 了。　　　　　　　　Xià qǐ yǔ lái le.
4）打 开 窗户 换换 空气。　　　　　Dǎ kāi chuānghu huànhuan kōngqì.

比一比 bǐ yi bǐ

1）你 上 来。　　　　　　　Nǐ shàng lai.
　 你 上 得 来 吗?　　　　 Nǐ shàng de lái ma?
2）我 五点 回 去。　　　　 Wǒ wǔ diǎn huí qù.
　 你 五点 回 得 去 吗?　　Nǐ wǔ diǎn huí de qù ma?

4. 当然や必要を表す：「应该 yīnggāi」=「〜すべき」「〜のはず」、
　　　　　　　　　　「要 yào」「得 děi」=「〜なければならない」

1) 学生 应该 好好儿 学习。　　　Xuésheng yīnggāi hǎohāor xuéxí.
2) 明天 我 得 去 机场 接 客人。　Míngtiān wǒ děi qù jīchǎng jiē kèrén.
3) 你们 不 用 明天 出发。　　　　Nǐmen bú yòng míngtiān chūfā.

※「要」「得」の否定は「不用 búyòng」を用いる。「不要」は禁止の意味になる。

— 穿着打扮 —
chuān zhuó dǎ ban

CD84 新出单语(p92へ)
CD85 例文

女：穿 着 一 件 旗袍
　　chuān zhe yí jiàn qípáo

　　围 着 一 条 纱巾
　　wéi zhe yì tiáo shājīn

　　留 着 一 头 短发
　　liú zhe yì tóu duǎnfà

　　挎 着 一 个 皮包
　　kuà zhe yí ge píbāo

　　打 着 一 把 旱伞
　　dǎ zhe yì bǎ hànsǎn

　　领 着 一 个 小孩儿
　　lǐng zhe yí ge xiǎoháir

男：戴 着 一 副 墨镜
　　dài zhe yí fù mòjìng

　　梳 着 一 个 分头
　　shū zhe yí ge fēntóu

　　穿 着 一 身 西装
　　chuān zhe yì shēn xīzhuāng

　　系 着 一 条 领带
　　jì zhe yì tiáo lǐngdài

　　骑 着 一 辆 自行车
　　qí zhe yí liàng zìxíngchē

　　牵 着 一 条 大狗
　　qiān zhe yì tiáo dàgǒu

言い換えてみよう

CD86 新出单语(p93へ)
CD87 例文

1) 墙 上 挂 着 一 张 地图。　　Qiáng shang guà zhe yì zhāng dìtú.
　　幅 fú・对联 duìlián　　块 kuài・黑板 hēibǎn　　件 jiàn・大衣 dàyī
　　顶 dǐng・帽子 màozi　　个 ge・书包 shūbāo

2) 你 应该 好好儿 学习。　　Nǐ yīnggāi hǎohāor xuéxí.
　　工作 gōngzuò　　练习 liànxí　　预习 yùxí　　看书 kànshū　　睡觉 shuìjiào

会話

那里 贴 出 来 一 张 新 广告
Nàli tiē chū lái yì zhāng xīn guǎnggào

A：你 看，那边 围 着 好 多 人。
　　Nǐ kàn, nàbiān wéi zhe hǎo duō rén.

B：走，咱们 也 过 去 看 看。
　　Zǒu, zánmen yě guò qù kàn kan.

A：啊，这里 贴 出来 一 张 新 广告。
　　A, zhèli tiē chūlái yì zhāng xīn guǎnggào.

B：是 中国 国宝展 的 广告。
　　Shì Zhōngguó guóbǎozhǎn de guǎnggào.

A：上面 写 着 时间 和 地点 呢。
　　Shàngmiàn xiě zhe shíjiān hé dìdiǎn ne.

B：从 下 星期一 开始 到 下月 十五 号，在 国立 美术馆。
　　Cóng xià xīngqīyī kāishǐ dào xiàyuè shíwǔ hào, zài guólì měishùguǎn.

A：你 对 中国 文化 感 兴趣 吗?
　　Nǐ duì Zhōngguó wénhuà gǎn xìngqù ma?

B：很 感 兴趣，这 种 展览 应该 去 看 一 看。
　　Hěn gǎn xìngqù, zhè zhǒng zhǎnlǎn yīnggāi qù kàn yi kàn.

A：是 啊。下 星期三 是 建校 纪念日，学校 休讲。
　　Shì a. Xià xīngqīsān shì jiànxiào jìniànrì, xuéxiào xiūjiǎng.

B：太 好 了，咱们 一起 去 看 展览 吧。
　　Tài hǎo le, zánmen yìqǐ qù kàn zhǎnlǎn ba.

練習 10

1) ピンインを漢字に書き直しなさい。

1. xuéqī _____
2. jiànxiào _____
3. jìniànrì _____
4. xiūjiǎng _____
5. zhǎnlǎn _____

2) 漢字にピンインをつけなさい。

1. 台风 _____
2. 窗户 _____
3. 空气 _____
4. 手机 _____
5. 文化 _____

3) 空欄に〔対 要 用 着〕のいずれかを入れて、文を完成させなさい。

1. 教室 里 _____ 安静。
2. 你 的 病 好 了，不 _____ 吃 药 了。
3. 黑板 上 写 _____ 一 个 通知。
4. 我 _____ 唐诗 很 感 兴趣。
5. 不 _____ 着急，先 好好儿 想想。

4) 次の日本語の意味に合うように、与えられた語句を並び替えなさい。

1. 彼は地面から石を一つ拾いあげた。〔地上 他 捡起 从 一块 了 石头 来〕
   _____?

2. 学校に新任の先生がいらっしゃいました。〔一位 学校里 老师 来 新 了〕
   _____。

3. 李君が教室に駆け込んで来た。〔小李 进 跑 教室 了 来〕
   _____。

4. 青空には白い雲が浮かんでいる。〔蓝天上 白云 一朵 飘 着〕
   _____。

5. ホテルの壁にはたくさんの水墨画が掛かっている。
   〔水墨画 很多 挂着 墙上 的 饭店〕
   _____。

第11课　请 你 参加 联欢会
Dì shíyī kè　Qǐng nǐ cānjiā liánhuānhuì

要 点

CD90
新出単語(p94へ)

1. **兼語文・使役文**：
   兼語文とは、「目的語」が後の「動詞」に対して、意味の上で「主語」の関係にある文。
   語順：「主語＋述語＋目的語（主語）＋述語成分」
   1) 我 明天 请 她 吃 饭。　　　　Wǒ míngtiān qǐng tā chī fàn.
   2) 大家 选 他 当 班长。　　　　Dàjiā xuǎn tā dāng bānzhǎng.

   使役文も兼語文の一種である。
   語順：「主語＋述語（**让** ràng・**叫** jiào・**使** shǐ）＋目的語（主語）＋述語成分」
   3) 老师 **让** 学生 回答 问题。　　Lǎoshī ràng xuésheng huídá wèntí.
   4) 早上 的 空气 **使** 人 觉得 很 舒服。Zǎoshang de kōngqì shǐ rén juéde hěn shūfu.

2. **近未来の表現**：「**就要** jiùyào ～**了** le」「**快要** kuàiyào ～**了** le」＝「いよいよ～になる」「そろそろ～になる」
   1) **就要** 放 寒假 **了**。　　　　Jiùyào fàng hánjià le.
   2) **快要** 下 雨 **了**。　　　　　Kuàiyào xià yǔ le.
   3) 马上 **就要** 考试 **了**。　　　Mǎshàng jiùyào kǎoshì le.

3. **受け身文**：
   語順：「主語（受動者）＋**被** bèi・**叫** jiào・**让** ràng＋目的語（動作主）＋述語成分」
   1) 我 的 钱包 **被** 小偷儿 偷 了。　Wǒ de qiánbāo bèi xiǎotōur tōu le.
   2) 我 **叫** 老师 批评 了。　　　　Wǒ jiào lǎoshī pīpíng le.
   3) 鱼 **让** 猫 吃 了。　　　　　　Yú ràng māo chī le.

4. **将来の可能性を示す「会 huì」**＝「～するはずだ」「～するでしょう」
   1) 再 等 一会儿，他 一定 **会** 来。　Zài děng yíhuìr, tā yídìng huì lái.
   2) 明天 天 不 **会** 晴 吧。　　　　Míngtiān tiān bú huì qíng ba.

5. **疑問詞の非疑問用法**＝「いくつか」「誰か」「何か」「どこか」
   1) 我 学 过 几 年 法律。　　　　Wǒ xué guo jǐ nián fǎlǜ.
   2) 寒假 想 去 哪儿 玩儿 玩儿。　　Hánjià xiǎng qù nǎr wánr wanr.

比一比 bǐ yī bǐ

1) 他 去 过 几 次 中国。　　Tā qù guo jǐ cì Zhōngguó.
   他 去 过 几 次 中国?　　Tā qù guo jǐ cì Zhōngguó?

2) 他 想 吃 点儿 什么。　　Tā xiǎng chī diǎnr shénme.
   他 想 吃 点儿 什么?　　Tā xiǎng chī diǎnr shénme?

3) 他 想 去 哪儿 吗?　　Tā xiǎng qù nǎr ma?
   他 想 去 哪儿?　　Tā xiǎng qù nǎr?

言い換えてみよう

CD91
新出単語(p94へ)

CD92
例文

1) 学校 让 学生 参加 联欢会。　Xuéxiào ràng xuésheng cānjiā liánhuānhuì.

   公益活动 gōngyìhuódòng　　讲演会 jiǎngyǎnhuì　　辩论会 biànlùnhuì

   表演节目 biǎoyǎnjiémù　　HSK（汉语水平考试）Hànyǔshuǐpíngkǎoshì

2) 我 被 他 批评 了。　　　　Wǒ bèi tā pīpíng le.

   表扬 biǎoyáng　　感动 gǎndòng　　说服 shuōfú　　笑话 xiàohua　　欺骗 qīpiàn

会話

请 你 参加 联欢会
Qǐng nǐ cānjiā liánhuānhuì

A：老师 让 我 告诉 你。
　　Lǎoshī ràng wǒ gàosu nǐ.

B：什么 事儿?
　　Shénme shìr?

A：新年 就要 到 了，学校 请 你 参加 联欢会。
　　Xīnnián jiùyào dào le, xuéxiào qǐng nǐ cānjiā liánhuānhuì.

B：都 有 什么 人 参加?
　　Dōu yǒu shénme rén cānjiā?

A：所有 的 留学生 都 被 邀请 了。
　　Suǒyǒu de liúxuéshēng dōu bèi yāoqǐng le.

B：我 可 不 可以 带 朋友 去。
　　Wǒ kě bu kěyǐ dài péngyou qù.

A：可以。不过，你 得 事先 跟 老师 说 一声。
　　Kěyǐ. Búguò, nǐ děi shìxiān gēn lǎoshī shuō yìshēng.

B：我 知道 了。很 高兴 能 和 大家 一起 欢度 新年。
　　Wǒ zhīdao le. Hěn gāoxìng néng hé dàjiā yìqǐ huāndù xīnnián.

A：啊，对 了，联欢会 上 大家 都 要 表演 节目。
　　A, duì le, liánhuānhuì shang dàjiā dōu yào biǎoyǎn jiémù.

B：没 问题，我 会 给 大家 唱 几 首 家乡 的 歌儿。
　　Méi wèntí, wǒ huì gěi dàjiā chàng jǐ shǒu jiāxiāng de gēr.

練習 11

1) ピンインを漢字に書き直しなさい。

1. huídá _____　　2. wèntí _____　　3. cānjiā _____
4. liánhuānhuì _____　　5. gāoxìng _____

2) 漢字にピンインをつけなさい。

1. 考试 _____　　2. 寒假 _____　　3. 家乡 _____
4. 欢度 _____　　5. 舒服 _____

3) 空欄に〔让 被 会 要〕のいずれかを入れて、文を完成させなさい。

1. 老虎 _____ 猎人 打 死 了。
2. 我 _____ 小偷儿 偷 了 钱包。
3. 他 _____ 回 来 了。
4. 她 今天 一定 _____ 来。
5. 妈妈 不 _____ 我 看 电视。

4) 次の日本語の意味に合うように、与えられた語句を並び替えなさい。

1. 来週にはもう試験だ。〔考试　就要　下星期　了〕

_____。

2. 私は明日彼女を野球の試合に招待する。〔我　请　看　她　明天　比赛　棒球〕

_____？

3. 私は先生にひとしきり叱られた。〔老师　我　被　一顿　说　了〕

_____。

4. 天気予報によると、明日は雨になるそうです。

〔天气预报　听说　会　雨　下　明天〕

_____。

5. 私は何度かこの映画を見たことがある。〔电影　我　看　几遍　过　这部〕

_____。

第12课　天 越 来 越 冷 了
Dì shí'èr kè　Tiān yuè lái yuè lěng le

要点

1. **禁止の表現**：「别 bié」「不要 búyào」「不许 bùxǔ」＝「～するな」「～してはいけない」
   1) **别** 开 玩笑。　　　　　　　　　　Bié kāi wánxiào.
   2) **不要** 和 陌生人 说 话。　　　　　Bú yào hé mòshēngrén shuō huà.
   3) 上 课 时 **不 许** 交 头 接 耳。　　Shàng kè shí bù xǔ jiāo tóu jiē ěr.

2. **処置文**：「把 bǎ～」＝「～を」

   目的語がどのように処置されるのかを強調する文。前置詞「把 bǎ＝～を」＋目的語の文節を、述語動詞の前に持ってきて、動詞の後には「他の成分」がなければならない。

   語順：主語＋把＋目的語＋動詞＋他の成分。
   1) 我 **把** 那 本 小说 买 回来 了。　　Wǒ bǎ nà běn xiǎoshuō mǎi huílái le.
   2) 请 你 **把** 这 个 消息 告诉 他。　　Qǐng nǐ bǎ zhè ge xiāoxi gàosu tā.
   3) 她 已经 **把** 课文 念 得 很 熟 了。　Tā yǐjing bǎ kèwén niàn de hěn shú le.

3. **複文**：

   ☆連続関係 「**一** yī～**就** jiù～」＝「～すると、すぐ～」
   1) **一** 到 春天 花 **就** 开 了。　　　　Yí dào chūntiān huā jiù kāi le.
   2) 他 每天 **一** 下 课 **就** 去 打 工。　Tā měitiān yí xià kè jiù qù dǎ gōng.

   ☆因果関係 「**因为** yīnwèi～**所以** suǒyǐ～」＝「～だから」「～なので」
   1) **因为** 有点儿 不 舒服，**所以** 他 今天 请 假 了。
   　　　　　　　　　　　　　Yīnwèi yǒudiǎnr bù shūfu, suǒyǐ tā jīntiān qǐng jià le.
   2) **因为** 天气 不 好，**所以** 航班 被 取消 了。
   　　　　　　　　　　　　　Yīnwèi tiānqì bù hǎo, suǒyǐ hángbān bèi qǔxiāo le.

4. **自然現象の表現**：

自然現象の発生を言う時は、普通、文頭に「主語」は置かない。

　　阴天 了！　　　Yīntiān le!
　　刮 风 了！　　　Guā fēng le!
　　打 闪 了！　　　Dǎ shǎn le!
　　打 雷 了！　　　Dǎ léi le!
　　下 雨 了！　　　Xià yǔ le!
　　下 雪 了！　　　Xià xuě le!
　　结 冰 了！　　　Jié bīng le!
　　晴天 了！　　　Qíngtiān le!
　　出 太阳 了！　　Chū tàiyáng le!
　　发 芽 了！　　　Fā yá le!
　　开 花 了！　　　Kāi huā le!
　　结 果 了！　　　Jiē guǒ le!

5. **程度の変化を表す「越来越 yuèláiyuè～」「越＋動詞＋越～」**

＝「ますます～」「～すればするほど～」

1) 雨 **越 来 越** 大 了。　　　　　　Yǔ yuè lái yuè dà le.
　　雨 **越 下 越** 大 了。　　　　　　Yǔ yuè xià yuè dà le.
2) 风 **越 来 越** 猛 了。　　　　　　Fēng yuè lái yuè měng le.
　　风 **越 刮 越** 猛 了。　　　　　　Fēng yuè guā yuè měng le.
3) 他 的 中文 **越 来 越** 好 了　　　Tā de zhōngwén yuè lái yuè hǎo le.
　　他 的 中文 **越 学 越** 好 了。　　Tā de zhōngwén yuè xué yuè hǎo le.

言い換えてみよう

1) 别 <u>开 玩笑</u>。　　　　Bié kāi wánxiào.
　　打 架 dǎ jià　　着 急 zháo jí　　哭 kū　　聊 天儿 liáo tiānr　　忘 了 wàng le

2) 我 已经 把 十二 课 都 <u>学 完</u> 了。　　Wǒ yǐjing bǎ shí'èr kè dōu xué wán le.
　　学 会 xué huì　　抄 完 chāo wán　　念 熟 niàn shú　　背 熟 bèi shú
　　翻译 成 日文 fānyì chéng Rìwén

会 話

天越来越冷了
Tiān yuè lái yuè lěng le

A：离 考试 还 有 一 个 星期，你 准备 得 怎么样 了？
　　Lí kǎoshì hái yǒu yí ge xīngqī, nǐ zhǔnbèi de zěnmeyàng le?

B：还 没有 把握。
　　Hái méiyǒu bǎwò.

A：那么，咱们 得 抓紧 时间 复习 了。
　　Nàme, zánmen děi zhuājǐn shíjiān fùxí le.

B：你 别 忘 了 把 我 的 课堂 笔记 还 给 我。
　　Nǐ bié wàng le bǎ wǒ de kètáng bǐjì huán gěi wǒ.

A：好，我 一 用 完 就 还 给 你。啊，下 雪 了。
　　Hǎo, wǒ yí yòng wán jiù huán gěi nǐ. A, xià xuě le.

B：是 啊，快 到 春节 了。天 越 来 越 冷 了。
　　Shì a, kuài dào chūnjié le. Tiān yuè lái yuè lěng le.

A：现在 是 一 年 中 最 冷 的 季节。
　　Xiànzài shì yì nián zhōng zuì lěng de jìjié.

B：你 打算 回 国 过 春节 吗？
　　Nǐ dǎsuàn huí guó guò chūnjié ma?

A：因为 春节 时 学校 正好 考试，所以 回 不 去。
　　Yīnwèi chūnjié shí xuéxiào zhènghǎo kǎoshì, suǒyǐ huí bú qù.

B：那 太 遗憾 了。不过，现在 通讯 技术 非常 发达。
　　Nà tài yíhàn le. Búguò, xiànzài tōngxùn jìshù fēicháng fādá.

A：是 啊，我 现在 可以 每天 在 网 上 和 家人
　　Shì a, wǒ xiànzài kěyǐ měitiān zài wǎng shàng hé jiārén
　　见 面 聊 天儿。
　　jiàn miàn liáo tiānr.

B：现在 人们 的 生活 真 是 越 来 越 方便 了。
　　Xiànzài rénmen de shēnghuó zhēn shì yuè lái yuè fāngbiàn le.

練習 12

1) ピンインを漢字に書き直しなさい。

1. xiàxuě ＿＿＿＿＿＿　2. chūnjié ＿＿＿＿＿＿　3. huíguó ＿＿＿＿＿＿
4. jiànmiàn ＿＿＿＿＿＿　5. liáotiānr ＿＿＿＿＿＿

2) 漢字にピンインをつけなさい。

1. 通讯 ＿＿＿＿＿　2. 技术 ＿＿＿＿＿　3. 发达 ＿＿＿＿＿
4. 生活 ＿＿＿＿＿　5. 方便 ＿＿＿＿＿

3) 空欄に〔给 把 跟 在 从〕のいずれかを入れて、文を完成させなさい。

1. 我们 ＿＿＿＿＿ 这 条 路 走 吧。
2. 你 ＿＿＿＿＿ 谁 一起 看 电影?
3. 我 经常 ＿＿＿＿＿ 她 写 信。
4. 他们 ＿＿＿＿＿ 哪儿 看 书?
5. 我 ＿＿＿＿＿ 那 本 词典 买 回 来 了。

4) 次の日本語の意味に合うように、与えられた語句を並び替えなさい。

1. 春になって、ますます暖かくなってきた。〔越来越 春天 , 到 暖和 了 天气 了〕
　＿＿?

2. 私はすでに明日の宿題を終わらせた。〔把 我 作业 的 了 明天 已经 做完〕
　＿＿。

3. 今晩忘れずに彼に電話をかけてください。〔别 他 给 请 打 忘记 今晚 电话〕
　＿＿。

4. 今日は仕事がとても忙しくて、遊びに行けない。
　〔因为 所以 我 工作 不能 , 很 玩儿 忙 去 今天〕
　＿＿。

5. 彼女はその知らせを聞くや、飛び上がって喜んだ。
　〔一 就 这个 高兴 消息 了 起来 她 到 跳 听 得〕
　＿＿。

各課順新出単語索引

第1課

CD16

我们	wǒmen	わたしたち	1
都	dōu	みな　全部	1
是	shì	だ、です	1
大学生	dàxuéshēng	大学生	1
我	wǒ	わたし	1
你	nǐ	あなた	1
您	nín	あなたさま	1
他	tā	彼	1
她	tā	彼女	1
它	tā	それ	1
咱们	zánmen	わたしたち	1
你们	nǐmen	あなたたち	1
他们	tāmen	彼ら	1
她们	tāmen	彼女たち	1
它们	tāmen	それら	1
谁	shuí shéi	誰　どなた	1
公务员	gōngwùyuán	公務員	1
不	bù	～ない	1
日本　人	Rìběn rén	日本人	1
中国　人	Zhōngguó rén	中国人	1
吗	ma	～か	1
呢	ne	～は	1
老师	lǎoshī	先生	1
大夫	dàifu	医者	1
也	yě	～も	1
留学生	liúxuéshēng	留学生	1
德国人	Déguórén	ドイツ人	1
外国人	wàiguórén	外国人	1

CD18

高中生	gāozhōngshēng	高校生	1
小孩儿	xiǎoháir	子供	1
运动员	yùndòngyuán	選手	1

CD19

| 学生 | xuésheng | 学生 | 1 |
| 医生 | yīshēng | 医者 | 1 |

护士	hùshi	看護師	1
记者	jìzhě	記者	1
警察	jǐngchá	警察　警官	1
律师	lǜshī	弁護士	1
美国	Měiguó	アメリカ	1
英国	Yīngguó	イギリス	1
法国	Fǎguó	フランス	1
印度	Yìndù	インド	1
埃及	Āijí	エジプト	1

第2课

CD22

学	xué	学ぶ	2
什么	shénme	何	2
中文	Zhōngwén	中国語	2
看	kàn	見る　読む	2
电影	diànyǐng	映画	2
天气	tiānqì	天気	2
好	hǎo	良い	2
很	hěn	とても	2
雨	yǔ	雨	2
大	dà	大きい　激しい	2
不太~	bútài~	あまり~ない	2
非常	fēicháng	非常に	2
太	tài	あまりにも	2
真	zhēn	本当に	2
最	zuì	もっとも	2
特别	tèbié	とりわけ　特に	2
比较	bǐjiào	比較的に　わりに	2
饺子	jiǎozi	ギョーザ	2
好吃	hǎochī	おいしい	2
啤酒	píjiǔ	ビール	2
好喝	hǎohē	おいしい	2
鞋	xié	靴	2
小	xiǎo	小さい	2
饿	è	ひもじい　お腹がすく	2
怎么样	zěnmeyàng	どうですか	2
汉语	Hànyǔ	中国語	2
学习	xuéxí	学習　学習する	2
成绩	chéngjì	成績	2
不错	búcuò	良い　まあまあ	2
吃	chī	食べる	2

中文	拼音	日本語	課
生鱼片	shēngyúpiàn	刺身	2
喝	hē	飲む	2
茶	chá	お茶	2
乌龙茶	wūlóngchá	ウーロン茶	2
听	tīng	聞く	2
音乐	yīnyuè	音楽	2
词典	cídiǎn	辞書	2
贵	guì	（値段が）高い	2
荔枝	lìzhī	ライチ	2
甜	tián	甘い	2
和	hé	と	2
女朋友	nǚpéngyou	ガールフレンド	2
柠檬	níngméng	レモン	2
山楂	shānzhā	サンザシ	2
酸	suān	酸っぱい	2

CD23

中文	拼音	日本語	課
英文	Yīngwén	英語	2
法文	Fǎwén	フランス語	2
德文	Déwén	ドイツ語	2
西班牙文	Xībānyáwén	スペイン語	2
阿拉伯文	Ālābówén	アラビア語	2
暖和	nuǎnhuo	暖かい	2
热	rè	暑い	2
凉快	liángkuài	涼しい	2
冷	lěng	寒い	2

CD25

中文	拼音	日本語	課
贵姓	guìxìng	お名前は？	2
姓	xìng	姓は～という	2
叫	jiào	名前は～という	2
名字	míngzi	名前	2

CD27

中文	拼音	日本語	課
化学	huàxué	化学	2
数学	shùxué	数学	2
难	nán	難しい	2
容易	róngyì	易しい	2
有点儿	yǒudiǎnr	少し	2
物理	wùlǐ	物理	2
身体	shēntǐ	体	2
电视	diànshì	テレビ	2

第3課

这	zhè	これ	3
的	de	の	3
电脑	diànnǎo	パソコン	3
那	nà	あれ　それ	3
哪	nǎ	どれ	3
这个	zhège	これ　この	3
那个	nàge	それ　その　あれ　あの	3
哪个	nǎge	どれ　どの	3
这些	zhèxiē	これら　これらの	3
个	ge	個（量詞）	3
那些	nàxiē	あれら　あれらの	3
哪些	nǎxiē	どれら　どれらの	3
这里	zhèli	ここ	3
那里	nàli	そこ　あそこ	3
哪里	nǎli	どこ	3
这儿	zhèr	ここ	3
那儿	nàr	そこ　あそこ	3
哪儿	nǎr	どこ	3
杂志	zázhì	雑誌	3
邮局	yóujú	郵便局	3
朋友	péngyou	友人　友達	3
字典	zìdiǎn	字典	3
本	běn	冊（量詞）	3
书	shū	本　書物　図書	3
把	bǎ	本（量詞）	3
雨伞	yǔsǎn	傘　雨傘	3
妈妈	māma	母　お母さん	3
大学	dàxué	大学	3
公司	gōngsī	会社	3

零	líng	ゼロ　零　0	3
一	yī	一	3
二	èr	二	3
三	sān	三	3
四	sì	四	3
五	wǔ	五	3
六	liù	六	3
七	qī	七	3
八	bā	八	3

九	jiǔ		九	3
十	shí		十	3
两	liǎng		二　二つ	3
笔记本	bǐjìběn		ノート	3
支	zhī		本（量詞）	3
铅笔	qiānbǐ		鉛筆	3
几	jǐ		いくつ	3
张	zhāng		台　枚（量詞）	3
桌子	zhuōzi		テーブル　机	3
多少	duōshao		いくつ	3
椅子	yǐzi		椅子	3
块	kuài		個　かたまり（量詞）	3
橡皮	xiàngpí		消しゴム	3
台	tái		台（量詞）	3
U盘	u pán		USB	3
照片	zhàopiàn		写真	3
～多	~duō		～あまり	3
北京	Běijīng		北京	3
还是	háishì		それとも	3
去	qù		行く	3
上海	Shànghǎi		上海	3
咖啡	kāfēi		コーヒー	3

CD32

茉莉花茶	mòlìhuāchá		ジャスミン茶	3
红茶	hóngchá		紅茶	3
绿茶	lùchá		緑茶	3
茅台酒	máotáijiǔ		マオタイ酒	3
威示忌	wēishìjì		ウイスキー	3
手机	shǒujī		携帯電話	3
杯	bēi		杯（量詞）	3
桔子汁儿	júzizhīr		オレンジジュース	3
瓶	píng		本（量詞）	3
绍兴酒	shàoxīngjiǔ		紹興酒	3

CD34

元	yuán		元（お金の単位）	3
角	jiǎo		角（元の10分の一）	3
分	fēn		分（元の100分の一）	3
块	kuài		「元」の話し言葉	3
毛	máo		「角」の話し言葉	3
件	jiàn		枚　着（量詞）	3

衣服	yīfu	服　衣服	3
多少钱	duōshaoqián	いくら	3
筷子	kuàizi	箸	3
双	shuāng	膳　双（量詞）	3
可口可乐	kěkǒukělè	コーラ　コカコーラ	3

CD36

资料室	zīliàoshì	資料室	3
光盘	guāngpán	CD、DVDなど	3
图书馆	túshūguǎn	図書館	3
印刷机	yìnshuājī	プリンター	3

第4課

CD38

明天	míngtiān	明日	4
几月	jǐyuè	何月	4
几号	jǐhào	何日	4
百	bǎi	百	4
千	qiān	千	4
万	wàn	万	4
亿	yì	億	4
什么时候	shénme shíhou	いつ	4
年	nián	年	4
哪　一年	nǎ yìnián	何年　どの年	4
大前年	dàqiánnián	さきおととし	4
前年	qiánnián	おととし　一昨年	4
去年	qùnián	去年　昨年	4
今年	jīnnián	今年	4
明年	míngnián	来年	4
后年	hòunián	再来年	4
大后年	dàhòunián	明明後年　三年後	4
月	yuè	月	4
哪　一个月	nǎ yígeyuè	どの月	4
上〜	shàng~	先〜	4
下〜	xià~	来〜	4
号（日）	hào(rì)	日	4
哪　一天	nǎ yìtiān	どの日	4
大前天	dàqiántiān	さきおととい	4
前天	qiántiān	おととい	4
昨天	zuótiān	昨日	4
今天	jīntiān	今日	4
后天	hòutiān	あさって	4
大后天	dàhòutiān	しあさって	4

星期几	xīngqījǐ	何曜日	4
星期一	xīngqīyī	月曜日	4
星期二	xīngqī'èr	火曜日	4
星期三	xīngqīsān	水曜日	4
星期四	xīngqīsì	木曜日	4
星期五	xīngqīwǔ	金曜日	4
星期六	xīngqīliù	土曜日	4
星期天（日）	xīngqītiān(rì)	日曜日	4
点	diǎn	時	4
分	fēn	分	4
秒	miǎo	秒	4
刻	kè	15分	4
～半	~bàn	半　30分	4
凌晨	língchén	夜明方	4
早上	zǎoshang	朝	4
上午	shàngwǔ	午前	4
中午	zhōngwǔ	昼ごろ	4
下午	xiàwǔ	午後	4
傍晚	bàngwǎn	夕方	4
晚上	wǎnshang	夜　晩	4
夜里	yèli	夜	4
深夜	shēnyè	深夜	4
过去	guòqù	過去	4
现在	xiànzài	現在　今	4
将来	jiānglái	将来	4
以前	yǐqián	以前	4
以后	yǐhòu	以後	4
春天	chūntiān	春	4
夏天	xiàtiān	夏	4
秋天	qiūtiān	秋	4
冬天	dōngtiān	冬	4
多长时间	duō cháng shíjiān	何時間　どれぐらいの間	4
天	tiān	日　一昼夜	4
星期	xīngqī	週	4
小时	xiǎoshí	時間	4
分钟	fēnzhōng	分	4
秒钟	miǎozhōng	秒	4
节	jié	コマ　時限（量詞）	4
课	kè	授業	4
吧	ba	～でしょう　～しましょう	4
周末	zhōumò	週末	4

郊游	jiāoyóu	ピクニック　遠足	4
出门	chū mén	出かける　家をでる	4
回国	huí guó	帰国する	4
夏威夷	Xiàwēiyí	ハワイ	4

CD40

整	zhěng	ちょうど	4
～过	~guò	～過ぎ	4
差～	chà~	～前　足りない	4

CD42

哪　国	nǎ guó	どこの国	4
意大利	Yìdàlì	イタリア	4
奥地利	Àodìlì	オーストリア	4

CD44

迪斯尼乐园	Dísīnílèyuán	ディズニーランド	4
走	zǒu	歩く　出かける	4
行	xíng	よろしい　かまわない	4
出发	chūfā	出発する	4

第5課

CD46

家	jiā	家　家庭	5
有	yǒu	持つ　ある　いる	5
几口	jǐkǒu	何人家族	5
没有	méiyǒu	ない	5
兄弟	xiōngdì	兄弟	5
姐妹	jiěmèi	姉妹	5
笔记本电脑	bǐjìběndiànnǎo	ノートパソコン	5
数码相机	shùmǎxiàngjī	デジタルカメラ	5
长江	Chángjiāng	長江	5
多长	duō cháng	どれぐらいの長さ	5
长	cháng	長さ	5
公里	gōnglǐ	キロメートル	5
长安街	Cháng'ānjiē	長安街	5
多宽	duō kuān	どれぐらいの幅	5
宽	kuān	広さ　幅	5
近	jìn	～に近い　近い	5
米	mǐ	メートル	5
珠穆朗玛峰	Zhūmùlǎngmǎfēng	チョモランマ峰	5
多高	duō gāo	どれぐらいの高さ	5
高	gāo	高さ	5

中文	ピンイン	日本語	課
「・」	diǎn	点	5
马里亚纳	Mǎlǐyànà	マリアナ	5
海沟	hǎigōu	海溝	5
多深	duō shēn	どれぐらいの深さ	5
深	shēn	深さ	5
天	tiān	空	5
亮	liàng	明るい　明ける	5
了	le	〜になった	5
妹妹	mèimei	妹	5
姐姐	jiějie	姉	5
比	bǐ	〜より　〜に比べて	5
大	dà	年上	5
岁	suì	歳	5
弟弟	dìdi	弟	5
公分	gōngfēn	センチメートル	5
北海道	Běihǎidào	北海道	5
东京	Dōngjīng	東京	5
〜多了	~duōle	ずっと〜だ	5
那么	nàme	それほど	5
这么	zhème	これほど	5
甜瓜	tiánguā	マクワウリ	5
西瓜	xīguā	スイカ	5
跟	gēn	〜と	5
一样	yíyàng	同じ	5
草莓	cǎoméi	イチゴ	5
价格	jiàgé	価格　値段	5
苹果	píngguǒ	リンゴ	5

CD47

中文	ピンイン	日本語	課
汽车	qìchē	自動車　車	5
摩托车	mótuōchē	オートバイ	5
自行车	zìxíngchē	自転車	5
手表	shǒubiǎo	腕時計	5
扇子	shànzi	扇子	5
忙	máng	忙しい	5
紧张	jǐnzhāng	忙しい　緊迫している	5
轻松	qīngsōng	楽である	5
愉快	yúkuài	愉快である	5
开心	kāixīn	楽しい	5
认真	rènzhēn	真面目である	5

CD49	多大	duō dà	いくつ	5
	年纪	niánjì	年齢	5
	身高	shēngāo	身長	5
	女儿	nǚ'ér	娘	5
	体重	tǐzhòng	体重	5
	公斤	gōngjīn	キログラム	5
	儿子	érzi	息子	5
	多重	duō zhòng	どれぐらいの重さ	5
CD51	丈夫	zhàngfu	夫	5
	妻子	qīzi	妻	5
	爱人	àiren	夫　妻　つれ合い	5
	爷爷	yéye	父方の祖父	5
	奶奶	nǎinai	父方の祖母	5
	姥爷	lǎoye	母方の祖父	5
	姥姥	lǎolao	母方の祖母	5
	爸爸	bàba	父	5
	哥哥	gēge	兄	5
CD52	小	xiǎo	年下	5
	工作	gōngzuò	仕事	5
	忙	máng	忙しい	5
	最近	zuìjìn	近頃　最近	5

第6課

CD54	老家	lǎojiā	ふるさと　故郷	6
	在	zài	〜にいる　〜にある	6
	上	shàng	上	6
	旅馆	lǚguǎn	旅館	6
	车站	chēzhàn	駅	6
	东边	dōngbiān	東	6
	社长	shèzhǎng	社長	6
	办公室	bàngōngshì	事務室	6
	里	lǐ	中	6
	公园	gōngyuán	公園	6
	游人	yóurén	見物客　遊覧客	6
	电影院	diànyǐngyuàn	映画館	6
	附近	fùjìn	付近　あたり	6
	家	jiā	軒（量詞）	6
	咖啡厅	kāfēitīng	喫茶店	6

	(一)条	yìtiáo	ひとすじの	6
	街	jiē	大通り	6
	超市	chāoshì	スーパーマーケット	6
CD55	下	xià	下	6
	左	zuǒ	左	6
	右	yòu	右	6
	前	qián	前	6
	后	hòu	後	6
	外	wài	外	6
	东	dōng	東	6
	西	xī	西	6
	南	nán	南	6
	北	běi	北	6
	～边	~biān	～の方	6
	～面	~miàn	～の方	6
	～头	~tou	～の方	6
	中	zhōng	中　中央	6
	中间	zhōngjiān	中間　中	6
	旁边	pángbiān	かたわら　そば	6
	对面	duìmiàn	真向かい　正面	6
	山	shān	山	6
	无	wú	ない	6
	老虎	lǎohǔ	虎	6
	猴子	hóuzi	猿	6
	称	chēng	～と称する　～という	6
	大王	dàwáng	王　王様	6
	客厅	kètīng	応接間　客間	6
	组	zǔ	組　セット	6
	沙发	shāfā	ソファー	6
	马路	mǎlù	大通り	6
	银行	yínháng	銀行	6
	香港	Xiānggǎng	香港	6
	教室	jiàoshì	教室	6
	运动会	yùndònghuì	運動会	6
	举行	jǔxíng	行う　挙行する	6
	喜欢	xǐhuan	～が好きだ	6
	爱	ài	～が好きだ	6
	唱	chàng	歌う	6
	卡拉ＯＫ	kǎlāOK	カラオケ	6
	玩儿	wánr	遊ぶ	6

游戏	yóuxì	ゲーム	6

地方	dìfang	場所　ところ	6
医院	yīyuàn	病院	6
百货商店	bǎihuòshāngdiàn	デパート	6
饭店	fàndiàn	ホテル	6
做	zuò	～をする	6
画	huà	描く	6
画儿	huàr	絵　絵画	6
打	dǎ	～をする	6
棒球	bàngqiú	野球	6
集邮	jí yóu	切手を集める	6
散步	sàn bù	散歩をする	6

CD59
请问	qǐngwèn	おたずね致しますが	6
食堂	shítáng	食堂	6
教学楼	jiàoxuélóu	教室棟　講義棟	6
附近	fùjìn	付近　あたり	6
厕所	cèsuǒ	トイレ　手洗い　便所	6
栋	dòng	棟	6
楼	lóu	ビル	6

CD61
听说	tīngshuō	聞くところによると～だそうだ	6
风景	fēngjǐng	風景　景色	6
美	měi	美しい	6
一片	yípiàn	一面の	6
树林	shùlín	林	6
一定	yídìng	必ず　きっと	6
小动物	xiǎodòngwù	小動物	6
松鼠	sōngshǔ	リス	6
小鹿	xiǎolù	子鹿	6
兔子	tùzi	ウサギ	6
什么的	shénmede	など　等など	6
小时候	xiǎoshíhou	子供の頃	6
经常	jīngcháng	よく　いつも	6
采	cǎi	摘み取る	6
蘑菇	mógu	キノコ	6
茶杯	chábēi	コップ　湯飲み	6
小卖部	xiǎomàibù	売店　購買	6

礼堂	lǐtáng	講堂	6
每天	měitiān	毎日	6
学校	xuéxiào	学校	6

第7課

CD63

暑假	shǔjià	夏休み	7
过	guò	過ごす	7
得	de	（様態・程度）補語を導く助詞	7
跑	pǎo	走る	7
快	kuài	速い	7
下	xià	降る　降りる	7
说	shuō	話す　いう	7
网球	wǎngqiú	テニス	7
回	huí	帰る　戻る	7
饭	fàn	ご飯　食事	7
留学	liú xué	留学する	7
用	yòng	～で　～を用いて	7
讲	jiǎng	講義をする　話す	7
踢	tī	蹴る	7
足球	zúqiú	サッカー	7
扭	niǔ	ひねる　ねじる	7
了	le	～した	7
脚	jiǎo	足	7
买	mǎi	買う	7
部	bù	本（量詞）	7
还	hái	まだ	7
从	cóng	～から	7
怎么	zěnme	どうやって	7
小说	xiǎoshuō	小説	7
写	xiě	書く	7
骑	qí	乗る	7
车	chē	自転車　自動車	7
毕业	bì yè	卒業する	7
起床	qǐ chuáng	起きる	7

CD64

字	zì	字	7
念	niàn	声を出して読む	7
借	jiè	借りる	7
到	dào	～まで	7
远	yuǎn	遠い	7
离	lí	～から　～まで	7

春节	Chūnjié	春節　旧正月	7
往	wǎng	～の方へ	7
向	xiàng	～の方へ	7
朝	cháo	～に向かって	7
高处	gāochù	高いところ	7
低处	dīchù	低いところ	7
流	liú	流れる	7
一直	yìzhí	まっすぐ　ずっと	7
大门	dàmén	正門　表門	7
开	kāi	開く	7
对	duì	～について　～に対して	7
科技	kējì	科学技術	7
感	gǎn	感じる	7
兴趣	xìngqù	興味	7
事	shì	事　事がら	7
给	gěi	～に　～のために	7
孩子	háizi	子供	7
故事	gùshi	お話　物語	7
小朋友	xiǎopéngyou	子供　坊や　お嬢ちゃん	7
天天	tiāntiān	毎日	7
花儿	huār	花	7
浇	jiāo	注ぐ　かける	7
水	shuǐ	水	7
长城	chángchéng	長城	7
事件	shìjiàn	事件	7
发生	fāshēng	発生する	7
场	chǎng	回（量詞）	7
电话	diànhuà	電話	7
见	jiàn	会う	7
次	cì	回（量詞）	7

CD65

走着	zǒu zhe	歩いて	7
坐	zuò	乗る	7
开	kāi	運転する	7
打的	dǎ dī	タクシーに乗る	7
商店	shāngdiàn	商店	7
游戏机	yóuxìjī	ゲーム機	7
吃的	chīde	食べ物	7
喝的	hēde	飲み物	7

CD67
出去	chūqù	出て行く	7
拐	guǎi	曲がる	7
红绿灯	hónglǜdēng	交通信号灯	7
再	zài	さらに	7
右侧	yòucè	右側　右の方	7
就	jiù	つまり	7
涩谷	Sègǔ	渋谷	7
山手线	Shānshǒuxiàn	山手線	7
到	dào	着く　到着する	7
新宿	Xīnsù	新宿	7
换乘	huànchéng	乗り換える	7
总武线	Zǒngwǔxiàn	総武線	7
御茶水	Yùcháshuǐ	御茶の水	7
下车	xiàchē	下車する	7
天桥	tiānqiáo	歩道橋　陸橋	7

CD69
好久	hǎojiǔ	久しく	7
又~又~	yòu~yòu~	~し、また~	7
充实	chōngshí	充実している	7
一起	yìqǐ	いっしょに	7
青少年	qīngshàonián	青少年	7
访华团	fǎnghuátuán	訪中団	7
船	chuán	船	7
然后	ránhòu	それから　その後	7
火车	huǒchē	汽車	7
游览	yóulǎn	遊覧する	7
故宫	gùgōng	故宮博物院	7
登	dēng	登る	7
住	zhù	泊まる	7

CD71
乒乓球	pīngpāngqiú	ピンポン　卓球	7
保龄球	bǎolíngqiú	ボーリング	7
太极拳	tàijíquán	太極拳	7
游泳	yóu yǒng	泳ぐ　水泳をする	7
滑冰	huá bīng	スケートをする	7
滑雪	huá xuě	スキーをする	7
吹	chuī	吹く	7
小号	xiǎohào	トランペット	7
萨克管	sākèguǎn	サクソフォーン	7
拉	lā	弾く	7

小提琴	xiǎotíqín	バイオリン	7
二胡	èrhú	二胡	7
弹	tán	弾く	7
钢琴	gāngqín	ピアノ	7
扬琴	yángqín	揚琴	7
京剧	Jīngjù	京劇	7
考试	kǎoshì	試験	7

第8課

CD72

~过	~guo	~したことがある	8
烤鸭	kǎoyā	ローストダック	8
虽然~但是~	suīrán~dànshì~	~ではあるが　~だが	8
便宜	piányi	安い	8
可是	kěshì	しかし　~が	8
质量	zhìliàng	品質	8
经验	jīngyàn	経験	8
丰富	fēngfù	豊富　豊か	8
如果~的话	rúguǒ~dehuà	もしも~ならば	8
要是~的话	yàoshì~dehuà	もしも~ならば	8
海边	hǎibiān	海辺	8
支持	zhīchí	支持する	8
事情	shìqing	こと　事がら	8
好办	hǎobàn	やりやすい	8
想	xiǎng	~したい	8
要	yào	~したい　~しようとする	8
愿意	yuànyì	~したい	8
打算	dǎsuàn	~するつもりだ	8
准备	zhǔnbèi	~するつもりだ	8
当	dāng	~になる	8
飞行员	fēixíngyuán	パイロット	8
考	kǎo	試験を受ける	8
驾驶执照	jiàshǐ zhízhào	運転免許	8
驾照	jiàzhào	運転免許	8
年青人	niánqīngrén	若者	8
公益活动	gōngyìhuódòng	ボランティア	8
交	jiāo	提出する	8
报告	bàogào	報告	8
寒假	hánjià	冬休み	8
教	jiāo	教える	8
礼物	lǐwù	プレゼント	8

工程师	gōngchéngshī	エンジニア	8
设计师	shèjìshī	設計師　デザイナー	8
搞	gǎo	～をする	8
科研	kēyán	科学研究	8
开	kāi	開設する	8
买卖	mǎimai	商売	8
送	sòng	あげる　贈る　送る	8
戏票	xìpiào	芝居のチケット	8
借	jiè	貸す	8
还	huán	返す	8
日元	Rìyuán	円	8
问	wèn	問う	8
问题	wèntí	質問　問題	8
通知	tōngzhī	通知する	8
告诉	gàosu	告げる	8
消息	xiāoxi	知らせ　ニュース	8

录相	lùxiàng	ビデオ	8
剧场	jùchǎng	劇場	8
演出	yǎnchū	上演（する）　公演（する）	8
知道	zhīdao	知っている	8
当然	dāngrán	当然　もちろん	8
开演	kāiyǎn	開演する	8
东西	dōngxi	物　食べ物	8

第9課

在～	zài~	～している	9
呢	ne	状態の継続を表す助詞	9
正	zhèng	ちょうど	9
电视剧	diànshìjù	テレビドラマ	9
功课	gōngkè	宿題　課業	9
会	huì	～できる	9
台球	táiqiú	ビリヤード	9
能	néng	～できる	9
游	yóu	泳ぐ	9
多远	duō yuǎn	（距離は）どのくらい	9
会议	huìyì	会議	9
参加	cānjiā	参加する	9
可以	kěyǐ	～できる	9
抽烟	chōu yān	タバコを吸う	9

睡觉	shuì jiào	寝る	9
结婚	jié hūn	結婚する	9
打工	dǎ gōng	アルバイトをする	9
～完	~wán	～し終わる	9
～懂	~dǒng	～してわかる	9
～到	~dào	～を手に入れる	9
～清楚	~qīngchu	はっきりと	9
～见	~jiàn	感じ取る	9
～会	~huì	～して習得する	9
～好	~hǎo	きちんと　しっかりと	9
作业	zuòyè	宿題	9
话	huà	話	9
得	de	（可能）補語を導く助詞	9
小鸟	xiǎoniǎo	小鳥	9
叫声	jiàoshēng	さえずり	9
音乐会	yīnyuèhuì	音楽会	9
尝	cháng	味わう　試す	9
练习	liànxí	練習する	9
商量	shāngliang	相談する	9

CD78

卡车	kǎchē	トラック	9
高尔夫球	gāo'ěrfūqiú	ゴルフ	9
下	xià	（碁を）打つ	9
围棋	wéiqí	囲碁	9
停车	tíng chē	停車する	9
钓鱼	diào yú	釣りをする	9

CD80

一些	yìxiē	少し	9
那	nà	それでは　じゃ	9
差不多	chàbuduō	ほとんど	9
有些	yǒuxiē	ある一部	9
明白	míngbai	わかる　理解する	9
句	jù	句（量詞）	9
意思	yìsi	意味	9
屋里	wūli	部屋	9
台词	táicí	セリフ	9
事儿	shìr	こと　事がら	9

第10課

CD82

| 贴 | tiē | 貼る | 10 |

出来	chū lai	出てくる	10
新	xīn	新しい	10
广告	guǎnggào	広告	10
墙	qiáng	壁	10
挂	guà	掛る	10
～着	~zhe	～ている	10
世界	shìjiè	世界	10
地图	dìtú	地図	10
学期	xuéqī	学期	10
丢	diū	紛失する　なくす	10
刮	guā	吹く	10
台风	táifēng	台風	10
躺	tǎng	横たわる	10
习惯	xíguàn	習慣	10
上	shàng	～上がる	10
下	xià	～下がる	10
进	jìn	～入る	10
出	chū	～出る	10
过	guò	～して過ぎる	10
起	qǐ	～上がる　～始める	10
开	kāi	～開く　～つける	10
起来	qǐ lai	～上げる　～上がる	10
打开	dǎ kāi	開く	10
窗户	chuānghu	窓	10
换	huàn	換える	10
空气	kōngqì	空気	10
应该	yīnggāi	～すべき　～のはずだ	10
要	yào	～しなければならない	10
得	děi	～しなければならない	10
好好儿	hǎohāor	ちゃんと　しっかりと	10
机场	jīchǎng	空港	10
接	jiē	出迎える	10
客人	kèren	客　客人	10

CD84

穿着	chuānzhuó	みなり　装い	10
打扮	dǎban	装い　着飾ること　ドレスアップ	10
穿旗袍	chuān qípáo	チャイナドレスを着る	10
围纱巾	wéi shājīn	スカーフをまく	10
留短发	liú duǎnfà	ショートカットにしている	10
头	tóu	頭（量詞）	10
挎皮包	kuà píbāo	カバンをさげる	10

打旱伞	dǎ hànsǎn	日傘をさす	10
领小孩儿	lǐng xiǎoháir	子供を連れる	10
戴墨镜	dài mòjìng	サングラスをかける	10
副	fù	対（量詞）	10
梳分头	shū fēntóu	横分けにしている	10
穿西装	chuān xīzhuāng	スーツを着る	10
身	shēn	着　そろい（量詞）	10
系领带	jì lǐngdài	ネクタイをしめる	10
辆	liàng	台　両（量詞）	10
牵狗	qiān gǒu	犬を連れる	10

CD86

幅	fú	幅	10
对联	duìlián	対聯	10
黑板	hēibǎn	黒板	10
大衣	dàyī	コート　外套	10
顶	dǐng	個（量詞）	10
帽子	màozi	帽子	10
书包	shūbāo	学生用カバン	10
预习	yùxí	予習をする	10

CD88

围	wéi	取り囲む	10
好～	hǎo~	とても　非常に	10
国宝展	guóbǎozhǎn	国宝展	10
地点	dìdiǎn	場所　地点	10
国立	guólì	国立	10
美术馆	měishùguǎn	美術館	10
文化	wénhuà	文化	10
种	zhǒng	種（量詞）	10
展览	zhǎnlǎn	展覧	10
建校	jiànxiào	学校の創立	10
纪念日	jìniànrì	記念日	10
休讲	xiūjiǎng	休講	10
安静	ānjìng	静かにする	10
病	bìng	病気	10
药	yào	薬	10
唐诗	tángshī	唐詩	10
着急	zháo jí	焦る　気をもむ	10
地上	dìshang	地面	10
捡起	jiǎn qǐ	拾い上げる	10
石头	shítou	石	10

蓝天	lántiān	青空	10
白云	báiyún	白い雲	10
一朵	yìduǒ	ひとひら	10
飘	piāo	漂う	10
水墨画	shuǐmòhuà	水墨画	10

第11課

CD90
请	qǐng	招待する	11
联欢会	liánhuānhuì	交歓会　親睦会	11
大家	dàjiā	みんな　みなさん	11
选	xuǎn	選ぶ	11
班长	bānzhǎng	班長　学級委員長	11
让	ràng	～させる	11
叫	jiào	～させる	11
使	shǐ	～させる	11
回答	huídá	答える	11
觉得	juéde	感じる　思う	11
舒服	shūfu	気分がよい　心地よい	11
就要～了	jiùyào~le	まもなく～になる	11
放寒假	fàng hánjià	冬休みになる	11
快要～了	kuàiyào~le	まもなく～になる	11
马上	mǎshàng	すぐに	11
被	bèi	～される	11
钱包	qiánbāo	財布	11
小偷儿	xiǎotōur	こそどろ　盗人	11
偷	tōu	盗む	11
批评	pīpíng	叱る	11
鱼	yú	魚	11
猫	māo	猫	11
会～	huì~	～するはずだ	11
等	děng	待つ	11
一会儿	yíhuìr	しばらく	11
晴	qíng	晴れ　晴天	11
法律	fǎlǜ	法律	11

CD91
讲演会	jiǎngyǎnhuì	講演会	11
辩论会	biànlùnhuì	弁論会	11
ＨＳＫ（汉语水平考试）	Hànyǔshuǐpíngkǎoshì	中国語能力認定試験	11
表扬	biǎoyáng	表彰する　ほめる	11
感动	gǎndòng	感動する	11

说服	shuō fú	説得する 説き伏せる	11
笑话	xiàohua	あざ笑う	11
欺骗	qīpiàn	騙す	11

CD93

所有	suǒyǒu	すべての	11
邀请	yāoqǐng	招待する	11
带	dài	連れる	11
不过	búguò	しかし	11
事先	shìxiān	事前に	11
一声	yìshēng	ひと声 ひと言	11
高兴	gāoxìng	うれしい	11
欢度	huāndù	楽しく過ごす	11
对了	duìle	あ、そうだ	11
表演	biǎoyǎn	上演	11
节目	jiémù	プログラム 演目	11
首	shǒu	首（量詞）	11
家乡	jiāxiāng	ふるさと 郷里	11
歌儿	gēr	歌	11
猎人	lièrén	猟師 狩人	11
死	sǐ	死ぬ	11
比赛	bǐsài	試合 コンクール	11
一顿	yídùn	ひとしきり	11
天气预报	tiānqìyùbào	天気予報	11
遍	biàn	回（量詞）	11

第12課

CD95

越来越〜	yuèláiyuè~	ますます〜	12
别	bié	〜してはいけない	12
不要	búyào	〜してはいけない	12
不许	bùxǔ	〜してはいけない	12
开玩笑	kāi wánxiào	冗談を言う	12
陌生人	mòshēngrén	見知らぬ人	12
交头接耳	jiāo tóu jiē ěr	ひそひそ話をする	12
把〜	bǎ~	〜を	12
已经	yǐjing	すでに	12
熟	shú	慣れる	12
一〜就〜	yī~jiù~	〜すると、すぐ〜	12
开	kāi	咲く 開く	12
因为〜所以〜	yīnwèi~suǒyǐ~	〜なので〜	12
请假	qǐng jià	休暇を取る	12
航班	hángbān	フライト 便	12

取消	qǔxiāo	取り消す	12
阴天	yīntiān	曇り空　曇天	12
刮风	guā fēng	風が吹く	12
打闪	dǎ shǎn	稲妻が走る	12
打雷	dǎ léi	雷が鳴る	12
下雨	xià yǔ	雨が降る	12
下雪	xià xuě	雪が降る	12
结冰	jié bīng	氷が張る	12
晴天	qíngtiān	晴れた空　晴天	12
出太阳	chū tàiyáng	日が昇る	12
发芽	fā yá	芽が出る	12
开花	kāi huā	花が咲く	12
结果	jiē guǒ	実を結ぶ	12
猛	měng	激しい	12

CD96

打架	dǎjià	けんかをする	12
哭	kū	泣く	12
聊天儿	liáo tiānr	世間話をする	12
忘	wàng	忘れる	12
抄	chāo	写す	12
背	bèi	暗唱する	12
翻译	fānyì	訳す	12
～成	~chéng	～に	12

CD98

把握	bǎwò	自信	12
那么	nàme	それでは	12
抓紧	zhuājǐn	～を無駄にしない	12
复习	fùxí	復習する	12
课堂笔记	kètángbǐjì	授業ノート	12
季节	jìjié	季節	12
正好	zhènghǎo	あいにく	12
遗憾	yíhàn	残念である	12
通讯	tōngxùn	通信	12
技术	jìshù	技術	12
发达	fādá	発達する	12
网上	wǎngshang	ネット上	12
家人	jiārén	家族　身内	12
见面	jiàn miàn	会う	12
人们	rénmen	人々	12
生活	shēnghuó	生活	12

方便	fāngbiàn	便利である	12
信	xìn	手紙	12
忘记	wàngjì	忘れる	12
跳	tiào	跳ぶ	12

アルファベット順新出単語索引

＊数字は課を示す。

A

爱	ài ～が好きだ	6
埃及	Āijí エジプト	1
爱人	àirén 夫 妻 つれ合い	5
阿拉伯文	Ālābówén アラビア語	2
安静	ānjìng 静かにする	10
奥地利	Àodìlì オーストリア	4

B

吧	ba ～でしょう ～しましょう	4
把	bǎ 本（量詞）	3
把	bǎ ～を	12
八	bā 八	3
爸爸	bàba 父	5
百	bǎi 百	4
百货商店	bǎihuòshāngdiàn デパート	6
白云	báiyún 白い雲	10
～半	bàn 半 30分	4
办公室	bàngōngshì 事務室	6
棒球	bàngqiú 野球	6
傍晚	bàngwǎn 夕方	4
班长	bānzhǎng 班長 学級委員長	11
报告	bàogào 報告	8
保龄球	bǎolíngqiú ボーリング	7
把握	bǎwò 自信	12
被	bèi ～される	11
背	bèi 暗唱する	12
北	běi 北	6
杯	bēi 杯（量詞）	3
北海道	Běihǎidào 北海道	5
北京	Běijīng 北京	3
本	běn 冊（量詞）	3
～边	biān ～方	6
辩论会	biànlùnhuì 弁論会	11
遍	biàn 回（量詞）	11
表演	biǎoyǎn 上演	11
表扬	biǎoyáng 表彰する ほめる	11
别	bié ～してはいけない	12
比较	bǐjiào 比較的に	2
笔记本	bǐjìběn ノート	3
笔记本电脑	bǐjìběndiànnǎo ノートパソコン	5
比	bǐ ～より ～に比べて	5
病	bìng 病気	10

比赛	bǐsài 試合　コンクール		11
毕业	bì yè 卒業する		7
不	bù 〜ない		1
部	bù 本（量詞）		7
不错	búcuò 良い　まあまあ		2
不过	búguò しかし		11
不太〜	bútài~ あまり〜ない		2
不许	bùxǔ 〜してはいけない		12
不要	búyào 〜してはいけない		12

C

采	cǎi 摘み取る		6
参加	cānjiā 参加する		9
草莓	cǎoméi イチゴ		5
厕所	cèsuǒ トイレ　手洗い　便所		6
茶	chá お茶		2
差〜	chà~ 〜前　足りない		4
差不多	chàbuduō ほとんど		9
茶杯	chábēi コップ　湯飲み		6
尝	cháng 味わう　試す		9
唱	chàng 歌う		6
场	chǎng 回（量詞）		7
长安街	Cháng'ānjiē 長安街		5
长城	Chángchéng 長城		7
长江	Chángjiāng 長江		5
长	cháng 長さ		5
朝	cháo 〜に向かって		7
抄	chāo 写す		12
超市	chāoshì スーパーマーケット		6
车	chē 自転車　自動車		7
〜成	chéng 〜に		12
称	chēng 〜と称する　〜という		6
成绩	chéngjì 成績		2
车站	chēzhàn 駅		6
吃	chī 食べる		2
吃的	chīde 食べ物		7
充实	chōngshí 充実している		7
抽烟	chōu yān タバコを吸う		9
出	chū 〜出る		10
船	chuán 船		7
窗户	chuānghu 窓		10
穿旗袍	chuān qípáo チャイナドレスを着る		10
穿西装	chuān xīzhuāng スーツを着る		10
穿着	chuānzhuó みなり　装い		10
出发	chūfā 出発する		4
吹	chuī 吹く		7

99

出来	chūlai 出てくる	10
出门	chū mén 出かける　家を出る	4
春节	Chūnjié 春節　旧正月	7
春天	chūntiān 春	4
出去	chū qù 出て行く	7
出太阳	chū tàiyáng 日が昇る	12
次	cì 回（量詞）	7
词典	cídiǎn 辞書	2
从～	cóng~ ～から	7

D

大	dà 大きい　激しい	2
大	dà 年上	5
打	dǎ ～をする	6
打扮	dǎban 装い　着飾ること　ドレスアップ	10
打的	dǎ dí タクシーに乗る	7
打工	dǎ gōng アルバイトをする	9
打旱伞	dǎ hànsǎn 日傘をさす	10
大后年	dàhòunián 明明後年　三年後	4
大后天	dàhòutiān しあさって	4
带	dài 連れる	11
大夫	dàifu 医者	1
戴墨镜	dài mòjìng サングラスをかける	10
打架	dǎjià けんかをする	12
大家	dàjiā みんな　みなさん	11
打开	dǎ kāi 開く	10
打雷	dǎ léi 雷が鳴る	12
大门	dàmén 正門　表門	7
当	dāng ～になる	8
当然	dāngrán 当然　もちろん	8
到～	dào~ ～まで	7
到	dào 着く　到着する	7
～到	~dào ～を手に入れる	9
大前年	dàqiánnián さきおととし	4
大前天	dàqiántiān さきおととい	4
打闪	dǎ shǎn 稲妻が走る	12
打算	dǎsuàn ～するつもりだ	8
大王	dàwáng 王　王様	6
大学	dàxué 大学	3
大学生	dàxuéshēng 大学生	1
大衣	dàyī コート　外套	10
的	de の	3
得	de （様態・程度)補語を導く助詞	7
得	de （可能)補語を導く助詞	9
德国人	Déguó rén ドイツ人	1
得	děi ～しなければならない	10

等	děng	待つ	11
登	dēng	登る	7
德文	Déwén	ドイツ語	2
点	diǎn	時	4
「·」	diǎn	点	5
电话	diànhuà	電話	7
电脑	diànnǎo	パソコン	3
电视	diànshì	テレビ	2
电视剧	diànshìjù	テレビドラマ	9
电影	diànyǐng	映画	2
电影院	diànyǐngyuàn	映画館	6
钓鱼	diào yú	釣りをする	9
低处	dīchù	低いところ	7
弟弟	dìdi	弟	5
地点	dìdiǎn	場所　地点	10
地方	dìfang	場所　ところ	6
顶	dǐng	個（量詞）	10
地上	dìshang	地面	10
迪斯尼乐园	Dísīnílèyuán	ディズニーランド	4
地图	dìtú	地図	10
丢	diū	紛失する　なくす	10
东	dōng	東	6
栋	dòng	棟	6
～懂	~dǒng	～してわかる	9
东边	dōngbiān	東	6
东京	Dōngjīng	東京	5
冬天	dōngtiān	冬	4
东西	dōngxi	物　食べ物など品物	8
都	dōu	みな　全部	1
对	duì	～について　～に対して	7
对了	duìle	あ、そうだ	11
对联	duìlián	対聯	10
对面	duìmiàn	真向かい　正面	6
～多	duō	あまり	3
多长	duō cháng	どれぐらいの長さ	5
多长时间	duō cháng shíjiān	何時間　どれぐらいの間	4
多大	duō dà	いくつ	5
多高	duō gāo	どれぐらいの高さ	5
多宽	duō kuān	どれぐらいの幅	5
～多了	~duōle	ずっと～だ	5
多少	duōshao	いくつ	3
多少钱	duōshao qián	いくら	3
多深	duō shēn	どれぐらいの深さ	5
多远	duō yuǎn	（距離は）どのくらい	9
多重	duō zhòng	どれぐらいの重さ	5

E

饿	è	ひもじい お腹がすく	2
二	èr	二	3
二胡	èrhú	二胡	7
儿子	érzi	息子	5

F

发达	fādá	発達する	12
法国	Fǎguó	フランス	1
法律	fǎlǜ	法律	11
饭	fàn	ご飯 食事	7
饭店	fàndiàn	ホテル	6
方便	fāngbiàn	便利である	12
放寒假	fàng hánjià	冬休みになる	11
访华团	fǎnghuátuán	訪中団	7
翻译	fānyì	訳す	12
发生	fāshēng	発生する	7
法文	Fǎwén	フランス語	2
发芽	fā yá	芽が出る	12
非常	fēicháng	非常に	2
飞行员	fēixíngyuán	パイロット	8
分	fēn	分（元の100分の一）	3
分	fēn	分	4
丰富	fēngfù	豊富 豊か	8
风景	fēngjǐng	風景 景色	6
分钟	fēnzhōng	分 分間	4
副	fù	対（量詞）	10
幅	fú	幅	10
附近	fùjìn	付近 あたり	6
复习	fùxí	復習する	12

G

感	gǎn	感じる	7
感动	gǎndòng	感動する	11
钢琴	gāngqín	ピアノ	7
搞	gǎo	〜をする	8
高	gāo	高さ	5
高处	gāochù	高いところ	7
高尔夫球	gāo'ěrfūqiú	ゴルフ	9
告诉	gàosu	告げる	8
高兴	gāoxìng	うれしい	11
高中生	gāozhōngshēng	高校生	1
个	ge	個（量詞）	3
哥哥	gēge	兄	5
给	gěi	〜に 〜のために	7
跟	gēn	〜と	5

歌儿	gēr 歌	11
工程师	gōngchéngshī エンジニア	8
公分	gōngfēn センチメートル	5
公斤	gōngjīn キログラム	5
功课	gōngkè 宿題　課業	9
公里	gōnglǐ キロメートル	5
公司	gōngsī 会社	3
公务员	gōngwùyuán 公務員	1
公益活动	gōngyìhuódòng ボランティア	8
公园	gōngyuán 公園	6
工作	gōngzuò 仕事	5
挂	guà 掛る	10
刮	guā 吹く	10
刮风	guā fēng 風が吹く	12
拐	guǎi 曲がる	7
广告	guǎnggào 広告	10
光盘	guāngpán CD、DVDなど	3
故宫	gùgōng 故宮博物院	7
贵	guì 高い	2
贵姓	guìxìng お名前は？	2
～过	~guò ～過ぎ	4
过	guò 過ごす	7
～过	~guò ～したことがある	8
～过	~guò ～して過ぎる	10
国宝展	guóbǎozhǎn 国宝展	10
国立	guólì 国立	10
过去	guòqù 過去	4
故事	gùshi お話　物語	7

H

还	hái まだ	7
海边	hǎibiān 海辺	8
海沟	hǎigōu 海溝	5
还是	háishì それとも	3
孩子	háizi 子供	7
航班	hángbān フライト　便	12
寒假	hánjià 冬休み	8
汉语	Hànyǔ 中国語	2
ＨＳＫ	Hànyǔshuǐpíngkǎoshì（汉语水平考试）中国語能力認定試験	11
好	hǎo 良い	2
～好	~hǎo きちんと　しっかりと	9
好～	hǎo~ とても　非常に	10
号（日）	hào (rì) 日	4
好办	hǎobàn やりやすい	8
好吃	hǎochī おいしい	2
好好儿	hǎohāor ちゃんと　しっかりと	10

好喝	hǎohē おいしい	2
好久	hǎojiǔ 久しく	7
和	hé と	2
喝	hē 飲む	2
喝的	hēde 飲み物	7
黑板	hēibǎn 黒板	10
很	hěn とても	2
红茶	hóngchá 紅茶	3
红绿灯	hónglǜdēng 交通信号灯	7
后	hòu 後	6
后年	hòunián 再来年	4
后天	hòutiān あさって	4
猴子	hóuzi 猿	6
画	huà 描く	6
话	huà 話	9
滑冰	huá bīng スケートをする	7
还	huán 返す	8
换	huàn 換える	10
换乘	huànchéng 乗り換える	7
欢度	huāndù 楽しく過ごす	11
画儿	huàr 絵　絵画	6
花儿	huār 花	7
滑雪	huá xuě スキーをする	7
化学	huàxué 化学	2
回	huí 帰る　もどる	7
会	huì ～できる	9
～会	huì ～して習得する	9
会～	huì~ ～するはずだ	11
回答	huídá 答える	11
回国	huí guó 帰国する	4
会议	huìyì 会議	9
火车	huǒchē 汽車	7
护士	hùshi 看護婦	1

J

几	jǐ いくつ	3
家	jiā 家　家庭	5
家	jiā 軒（量詞）	6
价格	jiàgé 価格　値段	5
见	jiàn 会う	7
～见	jiàn 感じ取る（結果補語）	9
件	jiàn 枚　着（量詞）	3
讲	jiǎng 講義をする　話す	7
将来	jiānglái 将来	4
讲演会	jiǎngyǎnhuì 講演会	11
见面	jiàn miàn 会う	12

捡起	jiǎn qǐ 拾い上げる	10	
建校	jiànxiào 学校の創立	10	
叫	jiào 名前は～という	2	
叫～	jiào~ ～させる	11	
角	jiǎo 角（元の10分の一）	3	
脚	jiǎo 足	7	
浇	jiāo 注ぐ かける	7	
交	jiāo 提出する	8	
教	jiāo 教える	8	
叫声	jiàoshēng さえずり	9	
教室	jiàoshì 教室	6	
交头接耳	jiāo tóu jiē ěr ひそひそ話をする	12	
教学楼	jiàoxuélóu 教室棟　講義棟	6	
郊游	jiāoyóu ピクニック　遠足	4	
饺子	jiǎozi ギョーザ	2	
家人	jiārén 家族　身内	12	
驾驶执照	jiàshǐ zhízhào 運転免許	8	
家乡	jiāxiāng ふるさと　郷里	11	
驾照	jiàzhào 運転免許	8	
机场	jīchǎng 空港	10	
机场	jīchǎng 空港	10	
节	jié コマ　時限（量詞）	4	
借	jiè 借りる	7	
借	jiè 貸す	8	
街	jiē 大通り	6	
接	jiē 出迎える	10	
结冰	jié bīng 氷が張る	12	
结果	jiē guǒ 実を結ぶ	12	
结婚	jié hūn 結婚する	9	
姐姐	jiějie 姉	5	
姐妹	jiěmèi 姉妹	5	
节目	jiémù プログラム　演目	11	
几号	jǐhào 何日	4	
季节	jìjié 季節	12	
几口	jǐkǒu 何人家族	5	
系领带	jì lǐngdài ネクタイをしめる	10	
进	jìn ～入る	10	
警察	jǐngchá 警察	1	
经常	jīngcháng よく　いつも	6	
京剧	jīngjù 京劇	7	
经验	jīngyàn 経験	8	
纪念日	jìniànrì 記念日	10	
今年	jīnnián 今年	4	
今天	jīntiān 今日	4	
紧张	jǐnzhāng 忙しい	5	
技术	jìshù 技術	12	

105

吉他	jítā ギター	7
就	jiù つまり	7
九	jiǔ 九	3
就要～了	jiùyào~le まもなく～になる	11
集邮	jí yóu 切手を集める	6
几月	jǐyuè 何月	4
记者	jìzhě 記者	1
句	jù 句（量詞）	9
剧场	jùchǎng 劇場	8
觉得	juéde 感じる 思う	11
举行	jǔxíng 行う 挙行する	6
桔子汁儿	júzizhīr オレンジジュース	3

K

卡车	kǎchē トラック	9
咖啡	kāfēi コーヒー	3
咖啡厅	kāfēitīng 喫茶店	6
开	kāi 開く	7
开	kāi 運転する	7
开	kāi 開設する	8
～开	~kāi ～開く ～つける	10
开	kāi 咲く 開く	12
开花	kāi huā 花が咲く	12
开玩笑	kāi wánxiào 冗談を言う	12
开心	kāixīn 楽しい	5
开演	kāiyǎn 開演する	8
卡拉ＯＫ	kǎlāOK カラオケ	6
看	kàn 見る 読む	2
考	kǎo 試験を受ける	8
考试	kǎoshì 試験	7
烤鸭	kǎoyā ローストダック	8
刻	kè 15分	4
课	kè 授業	4
科技	kējì 科学技術	7
可口可乐	kěkǒukělè コーラ コカコーラ	3
客人	kèrén 客 客人	10
可是	kěshì しかし ～が	8
课堂笔记	kètángbǐjì 授業ノート	12
客厅	kètīng 応接間 客間	6
科研	kēyán 科学研究	8
可以	kěyǐ ～できる	9
空气	kōngqì 空気	10
哭	kū 泣く	12
块	kuài 個 かたまり（量詞）	3
块	kuài 「元」の話し言葉	3
快	kuài 速い	7

快要～了	kuàiyào~le まもなく～になる		11
筷子	kuàizi 箸		3
宽	kuān 広さ　幅		5
挎皮包	kuà píbāo カバンをさげる		10

L

拉	lā 弾く		7
蓝天	lántiān 青空		10
老虎	lǎohǔ 虎		6
老家	lǎojiā ふるさと　故郷		6
姥姥	lǎolao 母方の祖母		5
老师	lǎoshī 先生		1
姥爷	lǎoye 母方の祖父		5
了	le ～になった		5
了	le ～した		7
冷	lěng 寒い		2
离	lí ～から　～まで		7
里	lǐ 中		6
两	liǎng 二　二つ		3
亮	liàng 明るい　明ける		5
辆	liàng 台　両（量詞）		10
凉快	liángkuài 涼しい		2
联欢会	liánhuānhuì 交歓会　親睦会		11
练习	liànxí 練習する		9
聊天儿	liáo tiānr 世間話をする		12
猎人	lièrén 猟師　狩人		11
零	líng ゼロ　零　0		3
凌晨	língchén 夜明方		4
领小孩儿	lǐng xiǎoháir 子供を連れる		10
礼堂	lǐtáng 講堂		6
流	liú 流れる		7
六	liù 六		3
留短发	liú duǎnfà ショートカットにしている		10
留学	liú xué 留学する		7
留学生	liúxuéshēng 留学生		1
礼物	lǐwù プレゼント		8
荔枝	lìzhī ライチ		2
楼	lóu ビル		6
绿茶	lùchá 緑茶		3
旅馆	lǚguǎn 旅館		6
律师	lùshī 弁護士		1
录像	lùxiàng ビデオ		8

M

吗	ma ～か		1
买	mǎi 買う		7

买卖	mǎimai 買い物	8		明天	míngtiān 明日	4
马里亚纳	mǎlǐyànà マリアナ	5		名字	míngzi 名前	2
马路	mǎlù 大通り	6		蘑菇	mógu キノコ	6
妈妈	māma 母 お母さん	3		茉莉花茶	mòlìhuāchá ジャスミン茶	3
忙	máng 忙しい	5		陌生人	mòshēngrén 見知らぬ人	12
毛	máo 「角」の話し言葉	3		摩托车	mótuōchē オートバイ	5
猫	māo 猫	11		**N**		
茅台酒	máotáijiǔ マオタイ酒	3		那	nà あれ それ	3
帽子	màozi 帽子	10		那	nà それでは じゃ	9
马上	mǎshàng すぐに	11		哪	nǎ どれ	3
美	měi 美しい	6		那个	nàge それ その あれ あの	3
美国	Měiguó アメリカ	1		哪个	nǎge どれ どの	3
妹妹	mèimei 妹	5		哪国	nǎguó どこの国	4
美术馆	měishùguǎn 美術館	10		奶奶	nǎinai 父方の祖母	5
每天	měitiān 毎日	6		那里	nàli そこ あそこ	3
没有	méiyǒu ない	5		哪里	nǎli どこ	3
猛	měng 激しい	12		那么	nàme それほど	5
米	mǐ メートル	5		那么	nàme それでは	12
～面	miàn ～方	6		难	nán 難しい	2
秒	miǎo 秒	4		南	nán 南	6
秒钟	miǎozhōng 秒	4		那儿	nàr そこ あそこ	3
明白	míngbai 分かる 理解する	9		哪儿	nǎr どこ	3
明年	míngnián 来年	4				

那些	nàxiē あれら あれらの		3
哪些	nǎxiē どれら どれらの		3
哪一个月	nǎ yígeyuè どの月		4
哪一年	nǎ yìnián 何年 どの年		4
哪一天	nǎ yìtiān どの日		4
呢	ne 〜は		1
呢	ne 状態の継続を表す助詞		9
能	néng 〜できる		9
你	nǐ あなた		1
年	nián 年		4
念	niàn 声を出して読む		7
年纪	niánjì 年齢		5
年青人	niánqīngrén 若者		8
你们	nǐmen あなたたち		1
您	nín あなたさま		1
柠檬	níngméng レモン		2
扭	niǔ ひねる ねじる		7
暖和	nuǎnhuo 暖かい		2
女儿	nǚ'ér 娘		5
女朋友	nǚpéngyou ガールフレンド		2

P

旁边	pángbiān かたわら そば		6
跑	pǎo 走る		7
朋友	péngyou 友人 友達		3
飘	piāo 漂う		10
啤酒	píjiǔ ビール		2
瓶	píng 本（量詞）		3
苹果	píngguǒ リンゴ		5
乒乓球	pīngpāngqiú ピンポン 卓球		7
批评	pīpíng 叱る		11

Q

骑	qí 乗る		7
〜起	~qǐ 〜上がる 〜始める		10
七	qī 七		3
前	qián 前		6
千	qiān 千		4
钱包	qiánbāo 財布		11
铅笔	qiānbǐ 鉛筆		3
牵狗	qiān gǒu 犬を連れる		10
前年	qiánnián おととし 一昨年		4
前天	qiántiān おととい		4
汽车	qìchē 自動車 車		5
起床	qǐ chuáng 起きる		7
起来	qǐ lai 〜上げる 〜上がる		10

晴	qíng 晴れ 晴天	11
请	qǐng 招待する	11
～清楚	qīngchu はっきりと	9
请假	qǐng jià 休暇を取る	12
青少年	qīngshàonián 青少年	7
轻松	qīngsōng 楽である	5
晴天	qíngtiān 晴れた空 晴天	12
请问	qǐngwèn おたずね致しますが	6
欺骗	qīpiàn 騙す	11
秋天	qiūtiān 秋	4
妻子	qīzi 妻	5
去	qù 行く	3
去年	qùnián 去年 昨年	4
取消	qǔxiāo 取り消す	12

R

让	ràng ～させる	11
然后	ránhòu それから その後	7
热	rè 暑い	2
人们	rénmen 人々	12
认真	rènzhēn 真面目である	5
日本人	Rìběn rén 日本人	1
日元	Rìyuán 円	8

容易	róngyì 易しい	2
如果～的话	rúguǒ~dehuà もしも～ならば	8

S

萨克管	sākèguǎn サクソフォーン	7
三	sān 三	3
散步	sàn bù 散歩をする	6
沙发	shāfā ソファー	6
山	shān 山	6
上	shang 上	6
～上	~shàng ～上がる	10
上～	shàng~ 先～	4
商店	shāngdiàn 商店	7
上海	Shànghǎi 上海	3
商量	shāngliang 相談する	9
上午	shàngwǔ 午前	4
山楂	shānzhā サンザシ	2
扇子	shànzi 扇子	5
绍兴酒	shàoxīngjiǔ 紹興酒	3
设计师	shèjìshī 設計師 デザイナー	8
深	shēn 深さ	5
身高	shēngāo 身長	5
生活	shēnghuó 生活	12

生鱼片	shēngyúpiàn 刺身	2	
什么	shénme 何	2	
什么时候	shénme shíhou いつ	4	
什么的	shénmede など 等など	6	
身	shēn 着 そろい（量詞）	10	
身体	shēntǐ 体	2	
深夜	shēnyè 深夜	4	
社长	shèzhǎng 社長	6	
十	shí 十	3	
是	shì だ、です	1	
事	shì こと 事がら	7	
使	shǐ ～させる	11	
事件	shìjiàn 事件	7	
世界	shìjiè 世界	10	
事情	shìqing こと 事がら	8	
事儿	shìr こと 事がら	9	
食堂	shítáng 食堂	6	
石头	shítou 石	10	
事先	shìxiān 事前に	11	
首	shǒu 首（量詞）	11	
手表	shǒubiǎo 腕時計	5	
手机	shǒujī 携帯電話	3	
书	shū 本 書物 図書	3	
熟	shú 慣れる	12	
书包	shūbāo 学生用カバン	10	
梳分头	shū fēntóu 横分けにしている	10	
舒服	shūfu 気分がよい 心地よい	11	
水	shuǐ 水	7	
谁	shuí shéi 誰 どなた	1	
睡觉	shuì jiào 寝る	9	
水墨画	shuǐmòhuà 水墨画	10	
暑假	shǔjià 夏休み	7	
树林	shùlín 林	6	
数码相机	shùmǎxiàngjī デジタルカメラ	5	
说	shuō 話す いう	7	
说服	shuō fú 説得する 説き伏せる	11	
数学	shùxué 数学	2	
四	sì 四	3	
死	sǐ 死ぬ	11	
松鼠	sōngshǔ リス	6	
酸	suān 酸っぱい	2	
岁	suì 歳	5	
虽然～但是～	suīrán~dànshì~ ～けれど～だ	8	
所有	suǒyǒu すべての	11	

T

他	tā	彼	1
她	tā	彼女	1
它	tā	それ	1
台	tái	台（量詞）	3
太	tài	あまりにも	2
台词	táicí	セリフ	9
台风	táifēng	台風	10
太极拳	tàijíquán	太極拳	7
台球	táiqiú	ビリヤード	9
他们	tāmen	彼ら	1
她们	tāmen	彼女たち	1
它们	tāmen	それら	1
弹	tán	弾く	7
躺	tǎng	横たわる	10
唐诗	tángshī	唐詩	10
特别	tèbié	特別に	2
踢	tī	蹴る	7
甜	tián	甘い	2
天	tiān	日　一昼夜	4
天	tiān	空	5
甜瓜	tiánguā	マクワウリ	5
天气	tiānqì	天気	2
天气预报	tiānqìyùbào	天気予報	11
天天	tiāntiān	毎日	7
条	tiáo	本　筋　匹（量詞）	6
跳	tiào	跳ぶ	12
贴	tiē	貼る	10
听	tīng	聞く	2
停车	tíng chē	停車する	9
听说	tīngshuō	聞くところによると～だそうだ	6
体重	tǐzhòng	体重	5
通讯	tōngxùn	通信	12
通知	tōngzhī	通知する	8
偷	tōu	盗む	11
～头	tóu	～方	6
头	tóu	頭（量詞）	10
图书馆	túshūguǎn	図書館	3
兔子	tùzi	ウサギ	6

U

U 盘	u pán	USB	3

W

外	wài	外	6
外国人	wàiguórén	外国人	1
～完	wán	～し終わる	9

万	wàn 万		4
忘	wàng 忘れる		12
往	wǎng 〜の方へ		7
忘记	wàngjì 忘れる		12
网球	wǎngqiú テニス		7
网上	wǎngshang ネット上		12
玩儿	wánr 遊ぶ		6
晚上	wǎnshang 夜　晩		4
围棋	wéiqí 囲碁		9
围纱巾	wéi shājīn スカーフをまく		10
威示忌	wēishìjì ウイスキー		3
问	wèn 問う		8
文化	wénhuà 文化		10
问题	wèntí 質問　問題		8
我	wǒ わたし		1
我们	wǒmen わたしたち		1
无	wú ない		6
五	wǔ 五		3
物理	wùlǐ 物理		2
乌龙茶	wūlóngchá ウーロン茶		2

X

西	xī 西		6
下	xià 下		6
下	xià 降る　降りる		7
下〜	xià〜 来〜		4
〜下	〜xià 〜下がる		10
向	xiàng 〜の方へ		7
想	xiǎng 〜したい		8
香港	Xiānggǎng 香港		6
橡皮	xiàngpí 消しゴム		3
现在	xiànzài 現在　今		4
小	xiǎo 小さい		2
小	xiǎo 年下		5
小动物	xiǎodòngwù 小動物		6
小孩儿	xiǎoháir 子供		1
小号	xiǎohào トランペット		7
笑话	xiàohua あざ笑う		11
小鹿	xiǎolù 子鹿		6
小卖部	xiǎomàibù 売店		6
小鸟	xiǎoniǎo 小鳥		9
小朋友	xiǎopéngyou 子供　坊や　お嬢ちゃん		7
小时	xiǎoshí 時間		4
小时候	xiǎoshíhou 子供の頃		6
小说	xiǎoshuō 小説		7
小提琴	xiǎotíqín バイオリン		7

113

小偷儿	xiǎotōur こそどろ　盗人		11
消息	xiāoxi 知らせ　ニュース		8
夏天	xiàtiān 夏		4
夏威夷	Xiàwēiyí ハワイ		4
下午	xiàwǔ 午後		4
下雪	xià xuě 雪が降る		12
下雨	xià yǔ 雨が降る		12
西班牙文	Xībānyáwén スペイン語		2
鞋	xié 靴		2
写	xiě 書く		7
西瓜	xīguā スイカ		5
习惯	xíguàn 習慣		10
喜欢	xǐhuan ～が好きだ		6
信	xìn 手紙		12
新	xīn 新しい		10
行	xíng よろしい　かまわない		4
姓	xìng 姓は～という		2
星期	xīngqī 週		4
星期二	xīngqī'èr 火曜日		4
星期几	xīngqījǐ 何曜日		4
星期六	xīngqīliù 土曜日		4
星期三	xīngqīsān 水曜日		4
星期四	xīngqīsì 木曜日		4
星期天（日）	xīngqītiān (rì) 日曜日		4
星期五	xīngqīwǔ 金曜日		4
星期一	xīngqīyī 月曜日		4
兴趣	xìngqù 興味		7
新宿	Xīnsù 新宿		7
兄弟	xiōngdì 兄弟		5
戏票	xìpiào 芝居のチケット		8
休讲	xiū jiǎng 休講		10
选	xuǎn 選ぶ		11
学	xué 学ぶ		2
学期	xuéqī 学期		10
学生	xuésheng 学生		1
学习	xuéxí 学習　学習する		2
学校	xuéxiào 学校		6

Y

演出	yǎnchū 上演　公演		8
扬琴	yángqín 揚琴		7
要	yào ～したい　～しようとする		8
要	yào ～しなければならない		10
药	yào 薬		10
邀请	yāoqǐng 招待する		11
要是～的话	yàoshì~dehuà もしも～ならば		8

也	yě ～も	1
夜里	yèli 夜	4
爷爷	yéye 父方の祖父	5
亿	yì 億	4
一	yī 一	3
一～就～	yī~jiù~ ～すると、すぐ～	12
意大利	Yìdàlì イタリア	4
一定	yídìng 必ず きっと	6
一顿	yídùn ひとしきり	11
一朵	yìduǒ ひとひら	10
衣服	yīfu 服 衣服	3
遗憾	yíhàn 残念である	12
以后	yǐhòu 以後	4
一会儿	yíhuìr しばらく	11
已经	yǐjing すでに	12
印度	Yìndù インド	1
应该	yīnggāi ～すべき ～のはずだ	10
英国	Yīngguó イギリス	1
英文	Yīngwén 英語	2
银行	yínháng 銀行	6
印刷机	yìnshuājī プリンター	3
阴天	yīntiān 曇り空 曇天	12
因为～所以～	yīnwèi~suǒyǐ~ ～なので～	12
音乐	yīnyuè 音楽	2
音乐会	yīnyuèhuì 音楽会	9
一片	yípiàn 一面の	6
一起	yìqǐ いっしょに	7
以前	yǐqián 以前	4
医生	yīshēng 医者	1
意思	yìsi 意味	9
一条	yìtiáo ひとすじの	6
一些	yìxiē 少し	9
一样	yíyàng 同じ	5
医院	yīyuàn 病院	6
一直	yìzhí まっすぐ ずっと	7
椅子	yǐzi 椅子	3
用	yòng ～で ～を用いて	7
游	yóu 泳ぐ	9
右	yòu 右	6
有	yǒu 持つ	5
右侧	yòucè 右側 右の方	7
有点儿	yǒudiǎnr 少し	2
邮局	yóujú 郵便局	3
游览	yóulǎn 遊覧する	7
游人	yóurén 見物客 遊覧客	6
游戏	yóuxì ゲーム	6

有些	yǒuxiē	ある一部	9	早上	zǎoshang	朝	4
游戏机	yóuxìjī	ゲーム機	7	杂志	zázhì	雑誌	3
游泳	yóuyǒng	泳ぐ 水泳をする	7	怎么	zěnme	どうやって	7
又～又～	yòu~yòu~	～し、また～	7	怎么样	zěnmeyàng	どうだ	2
鱼	yú	魚	11	张	zhāng	台 枚（量詞）	3
雨	yǔ	雨	2	丈夫	zhàngfu	夫	5
元	yuán	元（お金の単位）	3	展览	zhǎnlǎn	展覧	10
远	yuǎn	遠い	7	着急	zháojí	焦る 気をもむ	10
愿意	yuànyì	～したい	8	照片	zhàopiàn	写真	3
御茶水	Yùcháshuǐ	御茶の水	7	～着	~zhe	～ている	10
月	yuè	月	4	这	zhè	これ	3
越来越～	yuèláiyuè~	ますます～	12	这个	zhège	これ この	3
愉快	yúkuài	愉快である	5	这里	zhèli	ここ	3
运动会	yùndònghuì	運動会	6	这么	zhème	これほど	5
运动员	yùndòngyuán	選手	1	真	zhēn	まことに	2
雨伞	yǔsǎn	傘 雨傘	3	正	zhèng	ちょうど	9
预习	yùxí	予習をする	10	整	zhěng	ちょうど	4
				正好	zhènghǎo	あいにく	12

Z

在	zài	～にいる ～にある	6
再	zài	さらに	11
在～	zài~	～している	9
咱们	zánmen	わたしたち	1
这儿	zhèr	ここ	3
这些	zhèxiē	これら これらの	3
支	zhī	本（量詞）	3
支持	zhīchí	支持する	8
知道	zhīdào	知っている	8

质量	zhìliàng	品質	8	做	zuò	～をする	6
中	zhōng	中 中央	6	坐	zuò	乗る	7
种	zhǒng	種（量詞）	10	左	zuǒ	左	6
中国人	Zhōngguó rén	中国人	1	昨天	zuótiān	昨日	4
中间	zhōngjiān	中間 中	6	作业	zuòyè	宿題	9
中文	Zhōngwén	中国語	2	足球	zúqiú	サッカー	7
中午	zhōngwǔ	昼ごろ	4				
周末	zhōumò	週末	4				
住	zhù	泊まる	7				
抓紧	zhuājǐn	～を無駄にしない	12				
珠穆朗玛峰	Zhūmùlǎngmǎfēng	チョモランマ峰	5				
准备	zhǔnbèi	～するつもりだ	8				
桌子	zhuōzi	テーブル 机	3				
字	zì	字	7				
字典	zìdiǎn	字典	3				
资料室	zīliàoshì	資料室	3				
自行车	zìxíngchē	自転車	5				
总武线	Zǒngwǔxiàn	総武線	7				
走	zǒu	歩く 出かける	4				
走着	zǒu zhe	歩いて	7				
组	zǔ	組 セット	6				
最	zuì	もっとも	2				
最近	zuìjìn	近頃 最近	5				

新訂版　話す・聴く・書くための中国語（基礎編）
〈CD付〉

著　者
千葉工業大学准教授　廖　伊庄
千葉工業大学教　授　利波雄一

2012. 4. 1　初版1刷
2018. 4. 1　初版6刷

発行者　井　田　洋　二

〒101-0062　東京都千代田区神田駿河台3の7
電話　東京03（3291）1676　FAX 03（3291）1675
発行所　振替　00190-3-56669番
E-mail：edit@e-surugadai.com
URL：http://www.e-surugadai.com

株式会社　駿河台出版社

㈱フォレスト／三友印刷

ISBN978-4-411-03069-6　C1087　¥2300E